図書館・まち育て・デモクラシー

瀬戸内市民図書館で考えたこと

嶋田 学
Shimada Manabu

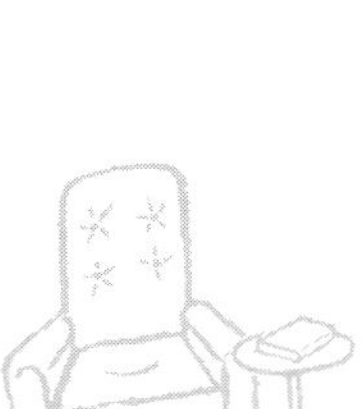

青弓社

図書館・まち育て・デモクラシー

瀬戸内市民図書館で考えたこと

目次

第2章　文化としての図書館　48

第5章　図書館と蔵書づくり　176

第6章　図書館とデモクラシー　233

装画——しおたまこ　装丁——神田昇和

はじめに

「民主主義は最悪の政治形態であると言える。ただし、これまで試されてきた、全ての政治制度を除けばだ(1)」というウィンストン・チャーチルの言葉が示すように、人間社会の統治制度として、民主制が理想に掲げられながら、人間の業や経済至上主義のうごめきのなかで、その実現に苦戦しているように見える。

人々が民主制と立憲制によって統治を図るには、知る権利、学習する権利が何よりその基盤になる。近代に機能しはじめた公共図書館は、すべての人々が利用者として歓迎され、森羅万象についての知識や情報によって学びや気づきを得る場であり、知と理性による信頼のエートスを醸し出す社会装置である。

図書館は、様々な知識や情報を多様な立場や考え方から思考し研究した資料群から得ることができる場である。市民が、世界の様々な事象のなかで政治や経済の施策をどのように選択し、自らの存立を保障する統治を実現させるかはデモクラシーの基盤となるいわばデモクラシーの成立を支えるのが、正確な情報の存在と、それを知り、学ぶことができる権利である。

公共図書館は、市民に最も身近な教育機関として、こうした重要な価値判断を支えるデモクラシーの基盤機関でなくてはならない。

もちろん、こうした基本的な社会形成に関わる価値だけでなく生活を豊かにし潤いをもたらす知恵や工夫、あるいは仕事や社会的活動に役立つ具体的な情報群を提供することも図書館の重要な責務だ。さらには、生きるということ、人間という存在、そして私たちを生かしている世界や自然について、哲学や芸術、文学によって未知なる精神や情念の領域に分け入ることも、古来私たちが重ねてきた知的営為である。

多くの人々の興味・関心が持ち寄られた場である図書館で、世界中の著者の学びや気づきから自身の知見を見つけ、その学びや知る喜びを他の市民と分け合う。そのような知と理性による信頼のエートスを図書館が支えることによって、生活のなかの文化としてのデモクラシーが根を張るのではないだろうか。

生活文化にデモクラシーが根付けば、地域社会は主体的な住民による、よりよくあろうという意識と行動で活性化されることだろう。図書館で様々な気づきを得、そして学び続ける住民が増えれば、まちの様子は変わっていくかもしれない。

本書は、一人ひとりの市民が、社会統治に必要な制度設計や運用を図るうえで重要なコミュニケーションや合意形成を、知と理性による信頼のエートスの醸成によってより望ましいものにするために、身近な暮らしのなかにある図書館は何ができるのかを述べるものである。

私たちが一人の人間として何かを知りたい、学びたいときに、図書館が頼りになるものであってほしいと思う。そこで私たちは、自分自身の動機によって、書物を手に取って文字を追うことで著者と対話し、これまで見えなかった知の領域に足を踏み入れることだろう。そうした知的変化を経験した私たちが、地域に生き、仕事をし、社会の営みに関わることで、まちがよりよい状況へと変化することを一つの理想として掲げたい。そこでは、「私」だけでなく「誰か」も、同じような思いで図書館に足を運び、書棚を巡りながら自らの知的関心と向き合っている。図書館に集う「誰か」は、また別の「私」であり、そこで学ぶ「私たち」は、ある種の共同体《コミュニティー》と言えるかもしれない。

私たち自身が育つことが、私たちが生きる「まち」を育てることにつながる。こうした理想を地平に置いて、本書をつづっている。

「図書館」のある暮らしが、家庭や地域社会の日常で「デモクラシー」を醸成し、民主的な価値を基本としながら、様々な課題に向き合える「まち」を育てていくという物語を、本書が少しでも伝えられれば望外の喜びである。

注

(1) 宇山卓栄『世界史で学べ！間違いだらけの民主主義』かんき出版、二〇一六年

第1章　図書館を知っていますか？

1——図書館があるということ

◆——セカンドオピニオンを求めて

滋賀県の湖東地域にある鈴鹿山脈の麓のまち、人口六千三百人の旧・永源寺町（現・東近江市）の図書館に勤務していたときのことである。その日は、高知県日高村立図書館から来た研修生とともに、移動図書館車で山間部を巡る三十分ほどの巡回サービスに出た。ある集落で、七十代前半くらいの女性の利用者がメモを広げて切り出した。

「友達は同じ病気でも手術をしなくていいと言われたが、私は手術が必要だと医者は言う。本当に手術は必要なのかどうか、わかりやすく書いている本はないか」

そのメモには「腰部脊柱管狭窄症」とあった。山間部を巡るために小回りがきくように造ったやまびこ号には千四百冊程度しか本がない。とりあえず常備している家庭の医学系の資料を見て、当該病名の項を確認した。病院にかかって診断や治療法について知識を得ている患者には、一般医学書の記述内容はほとんど既知の事項でしかない。あまり期待せずに利用者と一緒に記述を追うと、治療法の項に薬物療法や理学療法とともに手術の説明もあった。しかし、どのような状況の場合にその治療法が選択されるのか、そのリスクや予後のことなどは詳しくない。「お医者さんの言われたことと同じや」とやや失望感を漂わせるその女性。

利用者には、「本館に戻って詳しく調べたいので今日の四時ごろ連絡します」と伝えて次の巡回地へ。帰館後、看護師向けに書いてある医学体系や、腰部脊柱管狭窄症で一冊にまとめられた本を調べた。そこには、手術を必要とする病態や予後など詳しい記述がわかりやすくまとめてあった。連絡するとすぐに息子の妻が借りにきた。

移動図書館車に質問者を満足させる資料は積載してはいなかったが、利用者に「あの移動図書館に聞いてみたら何かわかるかもしれない」と発想させた時点で、非効率と評価されるこのサービスの価値は十分にあるように思う。

後日、日高村立図書館の研修生が送ってきた報告書には、筆者が利用者と本を囲んでやりとりする写真とともに「セカンドオピニオンを求められる図書館」という記述があった。

このところ、「民間企業の参入で変わる公共図書館」といった論調のトピックを見聞きすることが多くなった。注目されるポイントとしては、開館・閉館日、時間の拡大、コンシェルジュサービス、カフェの併設、電子書籍の導入、そしてコストカットである。それらを個々に批判するつもりはないし、管理運営主体を問わず、住民ニーズを捉えたサービス向上は当然必要である。

しかし気になるのは、新しいとされるサービスが、住民の暮らしや学びにとってどのような価値や意味をもたらすのかではなく、サービスの量的拡大を効率的におこなうことや民間サービスとのコラボレーションだけが喧伝される点である。開館時間が長いということは住民にとってどのようなアウトカムをもたらすのか。長時間開館をコスト削減とともに実現するサービスは、相対的にどのようなサービスを縮減させているのか。そのことが住民の知的活動にどのような影響を与えているのか、またそのサービスは住民にあまねく届けられる形態をとっているのか。

評判となる図書館を見聞きしていると、共通して浮かび上がるのは、子どもへのサービスプログラム、学校図書館支援、そして全域サービスとしての移動図書館の不在である。しかしそれでは、公立直営の図書館がこれらを十分にできているかというと、決してそうではないという現実がある。

そのような停滞があるとき、図書館政策や経営論に疑問が差し挟まれるのも無理はない。図書館運営のテクニカルな面とは別に、図書館機能や社会での役割に対して民間のノウハウを取り入れること自体は間違いではない。しかし、従来の手法は民間企業の視点から見ると非効率的で成立しないという理由で、仕事を切り捨て、公共の使命を喪失させることだけはあってはならない。

◆——それぞれの「センス・オブ・ワンダー」と出合える広場

高度に進んでいく資本主義経済とグローバリゼーションは、もはや選択の余地がない状況として私たちの日常を席巻しているが、そのこと自体の是非をここで論じるつもりはない。「自己判断・自己責任」の時代に生きざるをえない市民に、公共図書館が情報サービスによって、せめて「判断材料」を提供しようと、「ビジネス支援図書館」というムーブメントが登場してはや二十年になろうとしている。

このような実際的な情報提供で一人ひとりの市民を支えることは、現代を生き抜くことを支える現実的な方途として、当然取り組まれなければならないだろう。しかし、そうした世界潮流を少し引いたところで捉える視点や、現在のメインストリームでは軽視され、あるいは脆弱になりつつある人間の価値や生きる意味といったものへの視点も、公共サービスとしての図書館には求められるのではないか。そうした思いが、「持ち寄り」「見つけ」「分け合う」ことの呼びかけとして、私が開設に関わった岡山県瀬戸内市立図書館の理念の大きな柱になったのである。

しかし、それは「連帯性」といったナイーブな理想だけを指しているのではない。そもそも、住民のあらゆる興味・関心や必要に対して資料情報で応えようとする公共図書館は、そうした住民のニーズを「持ち寄」った空間である。そしてそこでは、まだその必要に気づいていなかった住民が、持ち寄られた必要を自身の必要として「見つけ」るという発見行為がある。さらに、もっと能動的に様々な必要や課題あるいはその解決方法を図書館という場で相互に交換し合う「分け合う」という機能も発揮することができるのが、公共図書館という場であるという思いがある。つまり、住民による相互学習の場である「ラーニング・コモンズ[1]」としてのありようを、瀬戸内市の図書館で実現させたいと考えた。

赤ちゃんからお年寄りまで、それぞれがそもそももっているはずの「センス・オブ・ワンダー」

に出合える、気づける、「屋根がある広場」、あるいは「本がある広場」を作りたい。

◆——自由であることのために

手に取った本と向き合い、真っ白な意識のなかに、あるいは既知の情報も動員して、ひと塊の認識を形作っていく人々の表情を、私は図書館員として長年見続けてきた。それは、絵本を手に取っておぼつかない手つきでページをめくる子どもにも、バギーを片手に本棚の前でたたずむ若い親にも、サッカー雑誌の巻頭記事に食い入る中学生にも、そして子どもが呼ぶ声に生返事をしながら活字を追うビジネスパーソンにも、まったく共通している。

喜怒哀楽のどれでもない、かと言って無表情というのとは違う、なんとも形容しがたい普遍的な表情なのである。集中しているとか、没頭しているとか、行為の表層を説明する言葉はいくらでも見つかるのだが、それらの人々の心象の内実を表現できる言葉を私はなかなか見つけることができなかった。しかしそこに、その人の属性には一切関係がない、神聖な時間を感じるのである。

それは、「知る」という知的営みが人間特有の深遠な行為であることをよく物語っているように思う。やがてそれは、自分にとっての対象の意味を形作る「学ぶ」という行為につながっていく。こうした「知ること」と「学ぶこと」を繰り返すなかで、人は自己を形作っていく。

図書館は、そうした自分を作るための素材を分類して陳列し、サービス対象となるすべての人々にそれらを利用してもらうための社会的な装置である。生活のなかにありながら、新たな知識との出合いや気づき、さらに学びへとつなげてくれる図書館資料・情報との出合いは、日常の繰り返しでは得られないある種の非日常性を帯びている。

図書館で出合った一冊の本から、生活習慣が変化したり、あるいは将来計画に軌道修正が生じたり、さらには職業や生きる場所を決定したりといった、大小合わせた様々な変化が生じる。言い換えれば、私たちは自身の意識がはたらく領域では、様々な可能性から自由に選択することができ、その意識の変化に図書館の資料が影響を与えることがあるのだ。

その意識の変化は、「知ること」「学ぶこと」から始まる。こうした営みを支える図書館は、人間の成長と成熟にとってきわめて重要な役割を負っていると言えるだろう。

一九七〇年代に、ようやく近代公共図書館の姿を立ち上がらせたわが国の図書館は、世界的な社会構造の変化を前に苦境に立たされている。地方政府の財政難や人口構造の変化による社会保障不安などの影響を受けて、公立図書館の存立基盤は年々悪化している。

このような状況では、図書館が人間と人間社会にとってどのような意義があるのか、広く社会に問うことが必要ではないかと思う。それは、人間が少なくとも手放してはならない存在意義を守ることに直結している。

こうしたことを考えているうちに、私は先ほどの「なんとも形容しがたい普遍的な表情」が「自由」という表情なのだと気づいた。人は、「知ること」(認知)と「学ぶこと」(理解)の過程では、なにものにもとらわれない精神の自由を経験する。その解放感が「わかる」ということからもたらされる思考の自由であり、その認識はある種の高揚感として私たちの情念にも表れる。

これらを通して形成された自我が、ひとたび現実社会に向き合えば「不自由」に直面することになる。しかし、その局面を打開しようと、新たな知識や経験によって自我を更新し続けることで、私たちは「不自由」を克服することができる。「自由」であることと「不自由」であることとの違いは、自己の内面が世界とどう向き合おうとするかによって決定付けられるだろう。図書館は、普段意識しない世界と自分との関係性を見つめさせ、ある種の揺らぎをもたらす場だ。

私たちが私たち自身の自由の主であるために、疲れを癒やしたり、英気を養ったりするよりどころになる館が必要だ。公共図書館は、そうした「自由の主の館」として機能しなければならない。

2———「わかる」ということ

◆———「わかる」は、どこからやってくるのか

「わかる」という表象は、どこからやってくるのだろう。「わかろうとする」行為によって認知される能動的な現象だろうか。それとも、なにものかに「わからされる」という受動的な表象として存在するのか。それは、わかろうとする意志があるか、あるいは意図せずにわかったという表象がやってくるのか、という違いによって峻別されるのだろう。

さて、その「わかる」という心の動きには大きく二つの領域があるという。一つは「感情」で、もう一つは「思考」であると解くのは、『「わかる」とはどういうことか』(2)の著者、山鳥重である。「地

球の自転は事実で、太陽が動くのは心象です。事実は自分という心がなくても生起し、存在し続ける客観的現象です。心象は心がとらえる主観的現象です」[3]と明快に説明する。そして、心象には「知覚心象」と「記憶心象」の二つがあるという。

例えば、窓の外で雨が降っていることは、雨だれを見たり、また雨音を聞いたりして、「わかる」ことができる。これは「知覚心象」である。一方、「雨が降る」という文字を読んで、大気中の水蒸気が冷えて雲となり、やがて水滴となって地上に落ちてくる現象を想起するのは、「記憶心象」である。

さて、前者は、「雨」という言葉を理解していなくても、その現象を感じ取ることができる。一方後者は、「雨」という現象の「意味」を理解し、「アメ」（雨）という音声記号と貼り付くことで認知される。つまり、「わかる」とは「意味」の理解であり、そこにある概念は、「対象」が私たちにもたらすものではなく、「言語」の介在によってはじめて認識として現れるものである。

さて、この「わかる」がどのようにして人の心象として生じるのか。図書館という場面で考えてみよう。

「プルーンの剪定の方法が知りたい」という明白な知的欲求があれば、しかるべき本に当たることで「わかる」ことができる。あるいは、お目当ての本を借りて出口まで歩いていると、「あなたはどっち？　読書の秋・食欲の秋」という本の展示コーナーで、表紙を見せたキノコ料理の本に思わず魅せられる。「しめじ食べたかったんだ……」と自身の潜在的欲求が「わかる」。「変形性膝関節症」の治療についての本を探していると、『最新健康診断と検査がすべてわかる本』[4]が目に入り、人間ドックの数値が気になっていたことが「わかる」。

「知りたい」が存在するから「わかる」が成立する場合と、「知りたい」が顕在化していなくても、「わかる」はやってくる場合がある。「わかる」という表象は、捉えにくいものとすれば能動的なものであり、やってくるものとすれば受動的なものでもある。そういうことが起こりやすいのが、図書館という場だ。いわば「中道態」(5)としての心象が起こるのが図書館の特色と言えるだろうか。

私たちは、世界に対してどの程度主体的に向き合えているだろうか。言い方を換えると、私たちは自分自身の認識に対してどのぐらい自覚的だろうか。これはなかなかに難しい問いである。しかし、何かを知りたいと思ったときは、図書館に一歩足を踏み入れてみればいい。そして、書棚をできるだけ丹念に巡ってみてほしい。自分の興味・関心がある分野以外にも、私たちの「わかる」を引き寄せる一冊がきっとあるはずだ。

私たちが「わかる」ことにときめきや喜びを感じるのは、その「わかる」を解き起こした書き手の心象に触れるときだろう。図書館の書架は、そんな出合いと対話が静かにあなたを待っている場なのだ。

◆――「教わる」という受動から「調べる」という能動へ

夏休みのある日。滋賀県東近江市立永源寺図書館での出来事だった。普段は図書館に来ても本は読まず、友達との遊び場にしていた小学四年生の男の子たちが、虫かごにエメラルドグリーンの羽根をもつ昆虫を入れて駆け込んできた。

「この虫、なんていう虫?」と、男の子たちは私に尋ねた。「図鑑で調べてみようか」と、彼らを昆虫図鑑の棚に案内した。「羽の色でしらべる」項目があり、その羽根の色の該当ページをめくるうちに、はたして虫かごの主と同じ形状の昆虫が見つかった。「アオハナムグリ」と、男の子は叫んだ。仲間の男の子も、同様にその虫の名を叫んで喜んだ。

次の日、「おっちゃん、魚の図鑑ある?」とくだんの少年たちは小さな水槽に入った魚を手に再び図書館に駆け込んできた。「大きな進歩」と、私は心の中でつぶやいた。私は、彼らを魚の図鑑の棚に案内し、水槽のなかで忙しなく行き来する淡水魚の名前を探し当てるのを静かに見守った。自分で調べて「わかる」という体験は、主体性を育み保持するうえできわめて大切なことだと思う。知らないこと、わからないことは、調べればわかるという知への信頼は、人が生きるうえで必ず向き合うことになる困難を乗り越えるうえでも、また、やりたいと思うこと、なりたいと思う状況を手に入れるためにも、必ず力を添えてくれる。

◆――「読む」ということと一人でいる時間

本を読んでいて、知らぬ間に文意の把握から解き放たれて、何かを思考しながら目だけはむなしく文字列を追っている、というような経験はないだろうか。ある文節の内容が自分の知的探究心あるいは感情のひだに染み込み、そこにある意味を紡ぎ出そうと思考の探索が始まるのである。

しかし、こうした足元の怪しい思索は、日常のなかで放置された思考のかけらを一気に拾い集めて、ひとまとまりの気づきを形作ることがある。そうした地平が見渡せたとき、読んでいる本の背景や自身の思考の輪郭が明快に浮かび上がる。

読書における内省は、言うまでもなく一人でおこなわれる。そして読書という行為は、その本と向き合っている時間だけにおこなわれるものではない。

図書館で本を手にする利用者をそれとなく観察していると、ときどき開かれたページから顔を上げて虚空を仰ぎ見ている人を目にすることがある。もちろん、ただ疲れ目を癒やしているだけかもしれない。しかし、そこには、間違いなく何かを思索している表情がある。そこでは、記憶のなかの心象といましがた手にした本から得た意味が何らかの化学反応を起こし、それらが総合されたもの、あるいはまったく異なる観念が形作られているのだと思う。

こうした反射的な精神活動は、一冊の本をめぐってだけ生じるのではないだろう。書店で、あるいは図書館で、本の森のなかに迷い込むこと自体によって引き起こされることもある。そこに入ったときには想像もしなかった一冊を手にしたり、思いもよらない発想や想念に捉えられることもある。

現代社会は、目まぐるしい速さで情報が更新され、それを把握するだけで私たちの日常はとても忙しい。それは、情報がウェブによって時空を超えてもたらされることで、その量的拡大と即時性が高まったからにほかならない。腕時計よりも高い頻度で目をやるスマートフォンからの情報は、もはや積極的な情報収集ではなく惰性として脳内に流れ込む。そこに、思考のかけらを拾い集める余裕はない。

スマートフォンは、ウェブアクセスのパーソナル化を促し、個人の情報摂取量は圧倒的に増加した。しかし、それらを吟味・咀嚼し、あるいは過去の経験や記憶と照らし合わせて概念を統合したり、新たな観念を紡ぎ出したりする時間は、相対的に減っているのではないだろうか。

社会学者のエリーズ・ボールディングは、『子どもが孤独でいる時間』のなかで、「子どもでも、おとなでも、たえまなく刺激に身をさらし、外側の世界に反応することに多大のエネルギーを費やしていると、人間は刺激に溺れ、内面生活や、そこから生じる想像力、あるいは創造性の成長を阻止し、萎縮されることになるだろう[6]」と語っている。

図書館にあまたある本も、「外側」の「刺激」にほかならない。しかし、図書館には、一人の人間としての居場所があり、本に縛られることなく魂を解き放てる空間がある。

私たちが独立した個人として、生きたいように生きるために、図書館は、一人ひとりの個人にサービスをする場である。図書館は、様々な情報と出合える知的資源であると同時に、一人の人間が自分の内面と向き合う場所でもある。家族と来ても、友達と来ても、図書館はその気になれば、一人の時間をもつことができる。

時代の流れに逆らうことは、現実的には難しい。だからこそ、社会には調整弁が必要だ。読まれることを待っている本たちに抱かれて、自分のなかで醸し出されつつある思考の泡音に耳を傾けてみるのもいい。脳内のそれとは意識できない思考の断片がある日突然、実を結ぶこともある。

図書館は、人が人らしく呼吸するために、静かに本をたたえている場である。

◆――「知る」ために「読む」という力を育む

公立図書館は社会教育施設である。社会教育施設である公立図書館は、本や雑誌、新聞、あるいはインターネット上の電子媒体などの提供を通して、子どもからお年寄りまで幅広い住民の学習を支えている。そこでは、「人と本を結び付ける」ことが図書館員の専門性であるとして、館内掲示や広報誌を通して利用者や住民に図書館資料が有益であることを訴えようとしている。

しかし「読む」という行為は自明視されていて、「読む」という行為そのものを、会得すべき学習課題と捉えて図書館が利用者を支援することは、一般にはおこなわれていない。

文字を読めれば本は読める、というように、ごく自然に観念されているのではないだろうか。しかし、現実にはそうではない。学校図書館の現場では、文字を読めても、一冊の本を通読したり、ある事実を調べるためにまとまった文章を読み通すことが難しい子どもたちが一定程度いる。ひとまとまりの文章を読み、書いてある内容を理解し、自分なりの認知をしたうえで、感じたり想像したり別の思考につなげたりできるようになるには、ある種の訓練が必要である。

学校図書館で長く司書として仕事をしてきた五十嵐絹子さんは、「読書は発達課題である」と言い切る。学校教育の指導要領にも「読書指導」という概念があり、学習課程の一つとして、本を読むことを奨励している。しかし、「読む」ということを技術として学んだり、一人ひとりの子どもたちの状況に合わせた動機付けが丁寧になされるわけではない。そうした関わりは、学校図書館の学校司書なり司書教諭という存在によって、はじめて可能になると言っていい。

読書は、一般に個人の内面の行為、あるいは趣味趣向であるという観念が強い。二〇〇一年に子ども読書活動推進法（子どもの読書活動の推進に関する法律）が制定されたとき、お上が読書を押し付けるのはいかがなものか、とか、無理強いしてかえって子どもが本嫌いにならないか、という懸念があった。本は、自ら進んで主体的に読むものであり、あくまで内発的な行為として尊重されなくてはならないという価値観が、とりわけ図書館員には強かったのではないだろうか。

しかし、五十嵐さんは言う。算数という科目の「九九」が、社会生活を営むうえでの発達課題であるように、読書という自己学習のための能力は、個人としての自立や主体的な生を実現させるためのきわめて重要な発達課題ではないか(7)、と。

実は、学校図書館司書の間で、この読書指導の方法をめぐっては議論がある。読書をしたいという内発的な動機が発露するまでは、司書は環境を整えて粘り強く待つべきだとする考えと、声かけや手紙作戦、ときには担任とも協力するなど、外発的な関わりをもつことではじめて読書に向き合える子どももいるのだとする考えがある。

話を社会教育施設としての図書館に戻そう。つまりは、これまで書いたような実情があり、成人しても、通読したり、一冊の本から調べたい意味内容を探し出したり、そもそも知的好奇心に動機付けられて文章から知識情報を取得することを志向しない人は、一定程度いるのではないかと思う。私たち図書館員は、いわゆるユニバーサルサービス(8)の対象を除いて、読むことへの興味や熟度の個人差に無頓着なのではないだろうか。読むことを得意としない、あるいは苦手意識をもっている人を意識したサポートを、構想しなくてはならないだろう。

本という活字の連なりから、有益な知識情報や情操を引き出し、個人の自立や豊かな生のために役立てる「リテラシー」そのものをサービスコンテンツとして構想しなくてはならないのではないか。「読む」ことをどうポジティブな「自分事」として動機付けられるか。公立図書館のイノベーションは、そこにあるように思う。

3―――知りたい、学びたいに応える仕事

◆―――公共財としての図書館

義務教育には、多くの税金が投入されている。「自分には子どもがいないから、義務教育に税金が使われるのは納得がいかない」などと主張する人はまずいない。自分自身も義務教育の恩恵にあずかったということもあるが、多くの国民が必要な教育をあまねく受けることで、社会の安定や持続性・発展性を担保できることを誰もが認識しているからだろう。

公共図書館はどうだろうか。「自分は本は読まないし、図書館に巨額の税金が投入されることには納得がいかない。それなら老朽化している学校設備の改修に使ってほしい」という話は残念ながらしばしば耳にする。しかし考えてみたい。義務教育で教材として利用している教科書は、「本」という形態である。その教科書を作り出すために、多くの本が下地になっているし、世の中に流通している知識や知恵の多くは「本」という形式で外形化され、世界に流布してきた。これまで世の中を変えてきたような発明やイノベーションも、こうした知的基盤としての書物に支えられてきたことは間違いない。つまり、「読まない人」も、多くの「読む人々」の営みによって、現在の文明文化の

恩恵にあずかっているのである。

だからといって、「仮にあなたが読まなくても、公共図書館への投資に寛容になるべきです、どこかの熱心な努力家が、その情報群によって学び、あなたの暮らしをより好ましいものに変えてくれるから」という議論はあまりにエリート主義と言わざるをえない。

さて、本当に「読まない人」はそんなに多いのだろうか。そうは思わないのである。「読む」という行為が、実はかなり狭く理解されていることを示すエピソードがある。滋賀県で図書館設立の準備をしているとき、高齢の男性が私たちの準備室に立ち寄り、「ワシは本なんか読まないから図書館なんかいらない」とつぶやいた。しかし、図書館ができてみると、その男性は新聞を読みにきて、やがて週刊誌を読むために毎週来館し、「こんな本もあるのか」と野菜の病害虫対策の本を借りてくれた。彼らにとって「本」とは、小説などの文学のことだったことがのちのちの話でわかった。

誰もが、暮らしや仕事、あるいは何らかの事情に迫られてひとまとまりの情報群に目を走らせる。そこでは主体的な知的活動がなされているのである。

有名な書店人である奈良敏行さんは「本屋には青空がある」と言った。「書店という空間は、現実としては閉鎖的な器である。壁際が書棚に埋め尽くされているので、窓も少ない。しかし、一冊の書物に出会った瞬間、読者の意識や観念は拡大し、精神は大空へと飛翔する」(9)

義務教育だけが教育の場ではない。むしろ、社会に出てからのほうが、多くを学ばなければならない場面に遭遇する。権利と義務は誰もが平等にもつ。だから、自由に学べる公共図書館は、地域によって格差があるべきではない。自分は本を読まないと主張する人々のなかにも、身近に本に触れる環境があれば、積極的な読書家になっていた可能性は否定できない。

わが国の公立図書館は自治体が任意に設置するものであり、法によって義務化されているわけではない。しかし地方自治の理念からも、住民が主体的に地域社会で生きていくためにもぜひ図書館を豊かにしてもらいたいし、国にもナショナルミニマムという観点を手放さないでもらいたい。

回りまわってみんなのためになる、という考えが公共の福祉であり、税で担保される公共財としての大きな特徴である。運営する側も、公共財としての図書館という観点を見失わないでいたい。図書館は、自発的に立ち上がる「知りたい」「学びたい」に応える教育機関であることの意義を、いま一度、心に留めておきたい。

◆――図書館であることの意義

高度経済成長期のインフラ整備で、最後の段階に登場した社会教育施設がいま老朽化を迎え、図書館などを建て替える事例が全国で見られている。また、もともと図書館が整備されていなかった自治体で、庁舎の建て替えやその他の公共施設の再整備の機会を捉えて、新たに図書館を設置する動きも見られる。

現在の図書館整備のプロセスを概観すると、大きく三つに分けることができる。一つ目は、整備と運営を指定管理者制度によるものとして事業者をプロポーザル[10]で選定するケース。二つ目は、自治体の直営を基本としながら、基本計画策定業務と設計者選定の支援をセットにしてプロポーザル選定したコンサルタントと協働を図るケース。そして三つ目は、整備基本計画策定や設計者選定、そして工事実施から運営までのすべてを自治体が直接おこなうというケースである。

一九八〇年代からは、定型的で比較的単純労務とされる領域がアウトソーシングされはじめたが、企画立案、つまり市の総合計画や各部門の事業計画までを外部化するようになったのは、九〇年代に入ってからだろうか。いわゆる官房系の領域で、[11]「直営」を堅持しながら、あらゆる「現場」を外部化し、あまつさえ企画立案業務をもアウトソーシングしている自治体の姿は、「管理から経営へ」というトレンドをはき違えているように見える。

経営とは、事業目的を達成するために継続的・計画的に意思決定をおこなって実行し、事業を管理、遂行すること、などと定義付けられるが、こと図書館行政に限って言えば、この事業目的の設定や認識が歪められてきたのではないだろうか。

「地域活性化」や「にぎわい創出」を図書館の役割や機能として一義的に掲げるのは大きな誤りである。図書館は、わが国の法体系では教育文化機関である。そこに投入される資源は、まずは教育文化の目的達成に利用することを優先されるのが、「経営」の観点からも正しいはずだ。

「図書館」という商品イメージを看板とし、人々が集まるための仕掛けや地域経済が潤うための仕掛けとするために、図書館費という歳入費目を民間企業に丸投げすることは、教育文化施策の責任を放棄していると言っていい。機能の複合化をするなら、財政全体のなかで投入資源の区分整理をしたうえで、それぞれの事業を実施し、総合的に効果を測定すべきである。

図書館は住民の自立を支え、基本的人権を現実のものにするための教育文化機関である。人々はそこで自分の可能性を追い、あるいは困難な状況を克服するために自ら学び、また、図書館で出会う人々同士の交流と連帯によって、個々人にとって望ましい社会を形作ることを支える公共施設である。「民主主義の砦」と言われるゆえんである。

くつろぎ、憩うことももちろん人間の幸福にとって大切な時間である。しかし、それは図書館でしかできないことではない。図書館はまず、豊富な図書や雑誌、ネット上の情報源も含めて、人々の「知りたい」と「学びたい」という意欲を支えることが責務である。そうした機能の結果として、「地域活性化」や「にぎわい」は生まれてくる。

まちは、そして地域社会は、人々の活動の結果として形作られる。つまり「まちづくり」とは、「人づくり」として考えられるべきだ。だからこそ、教育や文化の醸成は、人を育てる手段として重要なのである。一人ひとりの人が「育つ」という現象は、数値で表せるものではない。だからこそ、教育文化施策には、自治体経営者の信念と覚悟が求められる。外資系カフェとおしゃれな書店をまとう図書館は、人々の未来をどこまで開くことができるのだろうか。

人々の「知りたい」「学びたい」をまず動機付け、これを支援することが、「まち育て」につながる図書館の重要な責務ではないだろうか。

◆——利用者を否定しない棚

滋賀県の旧・高月町立図書館（現・長浜市立高月図書館）の館長を務め、図書館界でも偉才を遺憾なく発揮した明定義人という図書館員がいる。一九九〇年代後半から約十三年間、私は滋賀県東近江市の図書館員として、明定と同時代を過ごしている。

私は、明定が自費出版していた六夢堂ブックレットから多くを学んだ。『本の世界の見せ方』[12]や『楽しい貸出に向けて』[13]は繰り返し読んだし、『学校図書館と公共図書館の連携のために』[14]からは、公共図書館が学校図書館と関わりをもつことの本質的な意味を教わった。[15]

私が特に影響を受けた言葉に、「利用者を否定しない棚」という考えがある。明定はそのことを端的に表す事例として、千葉県成田市立図書館時代にパチンコの本を求める利用者にどうにか関連本を提供できて、その要求に直ちに応えられない側に身を置かずにすんだと述懐している。

利用者が図書館に求める知的欲求や情報は様々である。「私たちが向かい合っているのは「本」ではなく、知的好奇心を抱えてやってくる利用者の「要求」なのです」[16]と明定は言い切る。図書館は、顕在化している要求にも応えながら、求められる要求の仮説を立てて、選書し、結果を検証することを通して、図書館コレクションを形成していかなければならない、と言う。

その結果として、構築されるコレクションに偏りができてしまうことを、図書館員は恐れてはならないと明定は説く。こうした予想を立てた「積極的な選書」は、図書館側の趣味的な偏りではなく、利用者の要求を受け止めることによって起こるもので、「ミニ総花的図書館」とは違う。「入門書や話題の本を中心にした「無難な選書」を選択するのは怠惰なのです」[17]という言葉は、間違いなく貸し出される本だけを選書している図書館員には耳が痛いだろう。

さて、この「利用者を否定しない棚」という蔵書構築上のテーゼは奥深い。図書館員は、日々の選書を住民に役立ててもらうことを念頭におこなっている。選定されなかった資料は、当該週の新刊リストのなかで、あるいは自館の蔵書との関連付けにおいても相対的に所蔵価値が低いものと見なされたことになる。その判断は同時に、その図書を必要とした可能性がある利用者のニーズを否定することになってしまう。

すべての出版物を購入し所蔵することが物理的に困難である以上、こうした現象を完全に回避することは不可能である。しかし、現時点で貸し出されることが容易に判断できるものだけを選んでいては、その土地の住民の幅広い知的好奇心に応える蔵書を構築することはできない。公共図書館は、結果としての貸出冊数だけを相手に仕事をしているのではない。図書館というものに寄せられる知的好奇心への真摯な応答にこそ、財政民主主義(18)で保たれる公共図書館の価値があるのだ。

貸出が一定の量を超えなければ、幅広い利用やレファレンスサービスのような発展的サービスの広がりが生まれないという主張には、一定の真理がある。しかし、その「貸出のしくみの質」が問われないまま、貸出冊数の増加だけを求めても、住民から支持される図書館に育てることは難しいだろう。

「利用者を否定しない棚」は、住民の多様な知的好奇心への応答として、日々の仮説と実践を不断に繰り返す「積極的な選書」からしか生まれない。図書館の支持者を増やすには、貸し出される本の数だけではなく、利用する住民の数をも重視すべきではないだろうか。

4——図書館という「場所」と「機能」

◆——「場所」から「はたらき」へ

戦後、国立国会図書館の副館長を務め、日本図書館協会理事長として図書館法の制定に尽力した中井正一に、「機構への挑戦——「場所」から「働き」へ」という文章がある。初出は「東京大学学生新聞」一九四九年六月二十八日、七・八合併号（東京大学学生新聞会）で、国立国会図書館が各省に支部図書館[19]十八館の準備を進めていたころの体験をつづっている。

当時、官庁独特のセクト主義によってそれぞれの支部図書館の横断的連絡は困難だろうと、中井をはじめ、国会図書館の職員たちの過半数がその前途を危ぶんでいたという。ところが、アメリカとの官庁出版物の交換が始まり、外国官庁出版物が月に一万部を超えるようになると、当時の農林省の渉外局、調査局と八つの研究所がこの外国図書に飛び付いてきたという。戦争中のアメリカの農業技術など先進の情報は、農林省のあらゆる機構をあたかも血管に流れ入るようにみなぎり、行き渡り、満ち溢れていった、と中井は記している。

そしてこの変革は他省にも広がり、国会図書館国際業務部の業務が「あたかも乳房のごとく役目を果たして[20]」資料を供給させることに奔走していった様子をつづっている。

当時の図書館の概念が図書室と書庫、その管理者である司書だったときに、最新の情報を求める

「技術者の熱意、清新なる空気への爽やかな喜びは、われわれの胸にも伝わってきた」[21]と語られるほどに、文部図書館が活用された。そこはもはや本を読んだり納めたりというスペース、「場所」としての図書館ではなく、組織としての「はたらき」（機能）として存在せざるをえなかったのである。本は省内のどこにあってもよく、目録が整備され資料の流れを作る組織が巧みにできてさえいれば、新しい意味の図書館が立派に姿を現しているのだった。

「もはや、固定した場所を図書館というのではなくて、省の全機構を流れている研究および調査の流れ作業全体が一つの図書館という機構となっているのである」[22]。中井のこの言葉は、現在の図書館の地平を見渡す私たちの足元をも照らしてくれる。研究であれ楽しみであれ、知的な好奇心は人々の心と体を動かす。そうした情念あるいは知識の営みをナビゲートするのが、図書館という「はたらき」（機能）なのだろう。これを昨今の流行である〝知識経営〟と表現すると、あまりに軽薄だろうか。

中井はこうも言う。「組織が変わればわれわれの心構えも変わってゆかざるをえない。静かに精密な機械が油で美しく磨かれて音もなく動いているように、新たなる精神がそこに芽生え、新たなる美しさと喜びがそこに誕生しつつあるかのようである」[23]

いかにも美学者の中井らしい一節だが、戦後の解放と混沌のなかで、不明を案じるのではなく、そこに見える変化に能動的に関わろうとする姿勢に、私はそこはかとない勇気の湧出を感じるのである。

一九七〇年に発刊された『市民の図書館[24]』は、保存と管理の図書館から貸出利用される図書館へとそのあり方を変えた。市民に資料を提供するというその一点が最も重要だとする、この本が唱えた図書館の使命は、まさしく「学生や好事家の勉強場所」と言われた図書館を資料提供という「機能」へと生まれ変わらせた。しかし、その「機能」は、高度経済成長後に成熟した国民の多様な情報ニーズに十分対応できたとは言えず、また、複雑化する自治体政策のなかで優位性を保つほど存在感を放つこともできなかったように思う。

「一塊の石の中にも、敢えて夢のあやを読み取ろうとする欲望を捨てないことは、歴史に密着するものにとって、一つの任務ではないだろうか[25]」。中井のこの言葉は、現実に向き合う責任とそこに求められる勇気の必要性を説いているように私には読めるのである。

◆——図書館機能とイメージの変遷

わが国の図書館が、市民が自由に書架を行き来して借りたい本を取り出し、貸出利用ができるようになって、わずか五十年あまりである。一九七〇年代以降の公共図書館は、本がある「場所」であり、その「機能」は、資料提供であった。その基本はいまだに変わらない。しかし、図書館建築の歴史を振り返れば、その「機能」の多様化に沿うように「場所」としての設計が変化を遂げてきたことがわかる。

一九五〇年代、まだ入館料を取っていた時代の図書館建築は、整然と並んだ閲覧机と、受付カウンターによって隔絶された、利用者が立ち入ることのできない書架室で構成されていた。七〇年代以降、図書館は「本を借りるところ」であるとする考えが設計思想の前面に現れた。つまり、できるだけ書架を多く配し、閲覧スペースに割かれる面積は最低限に絞られる平面計画となる。図書館の本は、借りて帰って読むものだから、図書館に閲覧スペースは不要である。閲覧スペースがあると、自習を目的とする学生が大挙して訪れて、図書館の機能が本来的なものから逸脱してしまうから、貴重なフロアには可能なかぎり書架を設置して、収蔵能力を高めようという設計思想、図書館施設論が隆盛だった。

一九九〇年代に入ると、「滞在型図書館」という設計思想が出始めてくる。高度経済成長を遂げ、GDP（国内総生産）が世界第二位となったわが国は、バブル景気に沸いた。趣味や余暇の過ごし方が多様化し、図書館にも潤いがある時間を過ごせる「居場所」が求められるようになった。

二〇〇〇年代に入ると、市民の交流の場として図書館が注目され、「出会いの場」という機能が社会教育施設の図書館に期待されるようになった。

そして二〇一〇年代、図書館の機能はますます多様化の様相を呈する。「地域活性化」や「にぎわい創出」というキーワードはすでにあったが、何といっても大きな事件は、佐賀県武雄市のいわゆる「ツタヤ図書館」の開館だろう。外資系カフェが入った東京・代官山のオシャレな蔦屋書店が、図書館という機能を身につけ、人口五万人の地方都市に新たな公共空間を作り出したとして話題になった。指定管理者として選定される経緯や、そもそも公共図書館としての機能を果たせるのかについて課題があるなど否定的な意見もある一方、県外からも来館者を呼び起こす話題性と集客力に、全国の自治体関係者の視察が相次いだ。全国放送のニュースショーでも取り上げられ、また、当時の市長の強烈なキャラクターもあって、武雄市図書館は一躍、地域活性化の成功事例としての評価を得ることになったのである。

その後の図書館整備計画に見られるテーマは、「地域活性化」と「にぎわい創出」となった。いかに多くの来館者を迎えることができるか。そのことが、公共図書館整備の成否を問う評価軸になった。その目標設定と評価がなされた結果、公共図書館は、どのような公益性と便益を住民に与えることになるのだろうか。そこがしっかりと検証されなくてはならない。

一九七〇年代以降の公共図書館が、「貸出」を基本とするサービスをその思想と実践の中核に掲げた結果、どのような公共的価値を国民に提供できたのか。そのことを問わず、ただ、実践すべき事業をひたすらに追うことを志向した図書館指導者は、現在の図書館の状況をどのように捉えているのだろうか。

図書館を核とした地域活性化の拠点を標榜する政策が、市民の「知りたい」「学びたい」をどのぐらい保障できうるのか。図書館の本質的な機能に基づく冷静な評価が望まれるところである。

一方で、そもそも図書館の認知が十分でないなかで、いかに本質的機能に忠実なサービスを設計・提供したところで、利用者層が増えなければ、つまり図書館が、市民が行きたい場所としてイメージされなければ、単なる自意識過剰な政策でしかなくなるという批判にも耳を傾けたい。その意味では、功罪半ばと言われる「ツタヤ図書館」が世に問うた「居心地がいい空間」という提案に対する市民の反応については、謙虚に受け止めなければならないだろう。

◆——生涯教育と図書館

「生涯教育は、不断の知識の習得とこれらの知識の実践的利用によって、経済的、教育的、文化的、政治的支配を告発することも可能なのである」[26]。一九七〇年代、ユネスコの生涯教育部門の責任者も務めたエットーレ・ジェルピの言葉である。支配への対抗手段として生涯教育[27]を捉えていることは、わが国の自治体で展開している生涯学習活動と対比するときに奇異な印象さえ感じてしまうが、ジェルピの主張はこうだ。つまり、「生涯教育は政治的に中立」ではなく、ダイナミックに変化する社会の諸相と教育は無関係ではいられない。生涯教育もまた、生産性の向上や従属の強化のために、あるいは社会変化に順応するプログラムとして施策化される危険性をもっているというのである。

またジェルピは、生涯教育の学習方法として、学校教育のような教師中心の知識伝達形態ではなく、独学・独習を超えた学習者中心の主体的な学習でなくてはならないとし、「自己決定学習」という概念でその営みを表現している。さらに生涯教育の重要な基準として「個々人の動機に応える」ことをあげている。

ジェルピの生涯教育論に触れるとき、公共図書館が果たすべき役割の重さを感じずにはいられない。個人が自らの動機で、あるいは資料や情報との出合いによって潜在的な興味・関心を掘り起こされて、その学びは始まる。家庭や仕事、地域社会、人生や世界との向き合い方、あるいは楽しみとしての趣味をさらに生きがいに昇華させるために、私たちは自分の問題としてこれらに向き合う。図書館は、そうした個人の動機に応えるような学習環境を構築しておかなければならないのだ。

さらにジェルピはこう指摘する。「進歩的な生涯教育政策のもっとも基本的な原則の一つは、社会参加《コミットメント》である」[28]。社会参加にとって、政治・経済・社会の教育が不可欠であり、変革、社会変動、価値や権威への関与を実現できなければ、それらを先に実践している集団の抑圧がかぶさってくると述べている。

いささか脅迫的ではあるが、現在の社会状況を見るとき、教育施策が既存体制の問題解決に対抗軸を示しているとは言えず、課題の克服を可能にすることで国民を都合よく順応させているとも見え、ジェルピの指摘はうなずける。例えば、「自治体総合計画の目的に沿った図書館計画を」という提案は、もちろん間違っているわけではないが、注意が必要だ。自治体政策に役立つ資料収集が、多様な市民の知的欲求に応える資料提供を相対的に弱める結果を招いては、生涯学習支援という本質が損なわれてしまうだろう。

ある勢力が維持する社会のためにではなく、自己決定学習を基調とし、個人が学び合うなかで社会の合意形成に参加していける基盤を作ることが、生涯教育の使命ということだろうか。

図書館は生涯学習施設と称される。「生涯にわたる学びを支える」というフレーズは約束事のように図書館計画などの文章に散見する。それでは、図書館は具体的にどのように奉仕すべき対象と向き合えばいいのだろうか。

ジェルピが示す生涯教育のミッションは、社会を相対化する視点を要求し、包括的な学習プログラムも要請している。こうした総合性を目指しながら、個別の情報要求にいかにバランスよく応えていくか、図書館施策として具体的に向き合う難しさを覚える。

しかし、図書館はまさに森羅万象の資料世界を見せる機能特性をもつ。このことから、様々な可能性を展望することもできるだろう。

さらにもう一つ、ジェルピに学びたいことがある。それは、教育とは、不利益をこうむっている人々、抑圧されている人々、排除され搾取されている集団の要求に応えるべきだと主張している点である。

私たちのまちのなかで、最もそうした状況にある人たちは誰なのかを知ることが必要である。当然のことながら、そのような状況にある人々の自己決定学習を図書館だけが担えるわけではない。まさに「社会参加《コミットメント》」を通じて相互に学び合う人々とともに、生涯にわたる学びのコミュニティーを作ることが図書館の使命ではないだろうか。

◆コラム◆「図書館屋の小さな窓」

大阪府豊中市のいくつかの図書館で館長を務めた久保和雄に『図書館屋の小さな窓』(29)という本がある。私が一九八七年八月、夏の盛りに移動図書館担当として図書館員の第一歩を踏み出したとき、久保は庄内図書館長だった。久保は、七〇年代以降の貸出サービスを推進する時代にあって、独立した参考室（調査相談のためのレファレンス室）の必要性を訴え、その設置に手腕を発揮した。また、保存よりは開架スペースにできるかぎりの面積を確保しようとした八〇年代の図書館設計の趨勢にあって、三十万冊の書庫を提唱し、それは八八年六月に開館した野畑図書館に実現された。

このように書くと、久保は行政経験にも長けた敏腕司書のように映るかもしれないが、そうではない。朴訥とした語り口、常に自分の思考にも留保を付けながら、他者の意見に耳を傾けることを好む。また同時に、若い図書館員を励ますことには熱心で、誰も見つけることがない職員のささやかな仕事の工夫や姿勢を、実に控えめな言葉で褒めていた。

私には、そんな久保の「図書館屋の小さな窓」という思索の切り口が、出会ってから四半世紀が過ぎるいまも脳裏から離れない。それはレトリックとして、ちっぽけな図書館ではあるけれど、宇宙をも見晴るかす人知の結晶としても存在しているということを奥ゆかしく表したものだろう。しかしこの本は、決して一職能者としてのナイーブな独白ではなく、図書館に集う人々へのそこはかとない信頼と愛情に裏付けられた図書館思想書である。

第4章第8節の「地域図書館運営の心」に、久保は電動車椅子で来館するある利用者とのやりとりをつづっている。久保が、手が届く書架の範囲が限られた川柳好きの彼女が、棚を行きつ戻りつしているのを見て「何か手伝いましょうか」と尋ねる。すると「近くにいる人に頼みますので、いいですよ」という返事があった。

久保は、「ともに生きる」地域の連帯を考えるとき、この「近くにいる人に頼みますので、いいですよ」という彼女の言葉はまさに正解であり、「図書館が地域の連帯に役立つための第一歩であると思われる」(30)と感慨を込めて語っている。職員がすべきことを、社会的役割を超えた

「人」の連帯のなかに求める利用者の姿勢に、久保は図書館にそうした思考や実際的な人々のつながりを生み出す孵化器としての可能性があることを発見したのだ。

職員が利用者に奉仕をする。それが行き届かないとお叱りを受ける。納税で構築される行政事務に瑕疵はあってはならないし、研究を怠ったり、ましてや不快感を与えるようなことがあってはならない。しかし一方で、図書館で得られる様々な便益、好感、快感を、提供側の一方的なサービスメニューとして提供することで自治の役割を固定化することは、図書館の公共性をいびつにしてしまうかもしれない。官が住民に公共的な便益を提供するなかで、公の営みとして住民同士が持ち寄ったり分け合ったりする相互学習や扶助が息づくことを目指したい。

私たちの日々の社会的活動が、そもそも何のために営まれるのか、そのための人間社会の営みがどのようにあるべきか。現実の取るに足らない出来事のなかに、流されず諦めずそれらを問いかけ、そして改善することに無欲であってはならないと思う。図書館は、暮らしのなかにあって、その日常のなかの自分や社会のあり方を問うために、あるいは広い世界を知るために欠くことができない空間である。

「図書館屋の小さな窓」からの久保の眼差しは、そうした市井の人々の苦悩や慎ましい希望の地平に向けて注がれている。図書館員としての日常業務を切り口に、久保の図書館員としての問題意識を決して力むことなく静かな語り口でつづったこの本を、これからも折に触れて再読していきたい。

注

（1）複数の学生が集まって、電子情報も印刷物も含めた様々な情報資源から得られる情報を用いて議論を進めていく学習スタイルを可能にする「場」を提供するもの。その際、コンピュータ設備や印刷物を提供するだけでなく、それらを使った学生の自学自習を支援する図書館職員によるサービスも提供する。公共図書館でも、利用者同士の対話や図書館員がファシリテーターとして参画した住民の相互学習の場として、図書館の空間づくりを模索する動きがある。県立長野図書館が二〇一九年四月にオープンさせた「信州・学び創造ラボ」は、「開かれた学びの場」として公共図書館でのラーニング・コモンズを目指している（県立長野図書館「信州・学び創造ラボ」〔http://www.library.pref.nagano.jp/labo_190406〕［二〇一九年八月五日アクセス］）。

（2）山鳥重『「わかる」とはどういうことか――認識の脳科学』（ちくま新書）、筑摩書房、二〇〇二年

（3）同書一五ページ

（4）矢冨裕／野田光彦編著『最新健康診断と検査がすべてわかる本』時事通信出版局、二〇一五年

（5）「中動態」については、國分功一郎『中動態の世界――意志と責任の考古学』（〔シリーズケアをひらく〕、医学書院、二〇一七年）を参照されたい。

（6）エリーズ・ボールディング『子どもが孤独でいる時間』松岡享子訳、こぐま社、一九八八年、一五ページ

（7）二〇一五年二月二十三日、瀬戸内市民図書館で開催された第四回「学校図書館と子どもたちの学び」で、五十嵐絹子さんが質問者への回答として発言。

（8）視覚障害者に点字図書や音訳図書を提供する「障害者サービス」あるいは「ハンディキャップサービス」のこと。当事者への配慮から表現の言い換えがおこなわれてきた。

(9)安藤哲也『本屋はサイコー!』(新潮OH!文庫)、新潮社、二〇〇一年、三二ページ

(10)自治体での公共施設の設計者選定は、単なる価格競争による入札ではなく、設計者の考え方や、設計者が市の施設計画に際してどのような構想を提案できるかを審査する「プロポーザル方式」による選定が一般的になっている。こうした設計者選定をおこなうに際しては、当該施設をどのような目的で、どのように整備するかを描いた「施設整備基本計画」というものを策定するのが一般的である。最近は、こうした計画づくりをコンサルティングに外注するケースが増えている。本文では、この「基本計画」策定と設計業務(「基本設計」である場合が多い)の請負事業者を、同時にプロポーザル式の公募で調達する場合について言及している。

(11)自治体の部署で、総務系・政策企画系・財政系の部署とその事務を意味する。

(12)明定義人『本の世界の見せ方』(「六夢堂ブックレット」第三巻)、六夢堂、一九九七年

(13)明定義人『楽しい貸出に向けて』(「六夢堂ブックレット」第二巻)、六夢堂、一九九七年

(14)明定義人/松尾知美『学校図書館と公共図書館の連携のために』(「六夢堂ブックレット」第五巻)、六夢堂、二〇〇三年

(15)明定義人の選書論は、JLA図書館実践シリーズの『〈本の世界〉の見せ方――明定流コレクション形成論』(「JLA図書館実践シリーズ」第三十四巻)、日本図書館協会、二〇一七年)に詳しい。

(16)同書一一ページ

(17)同書九三ページ

(18)「資本主義国家は、その活動費用を租税として国民経済から強制的に獲得しなければならない。この強権性は資本主義が原則とする私有財産制と矛盾する。この矛盾の調整のために、納税者の代表が租税の承認を行うという財政民主主義が成立する」(『世界大百科事典――アルマナック 第二版』平凡社、

二〇〇五年)。

(19) 国立国会図書館法は、行政と司法の各部門に対して図書館サービスを提供することを当館の目的の一つとして各府省庁と最高裁判所に現在二十七館六分館の支部図書館が設置されている。各支部図書館はそれぞれ特色ある蔵書を持ち、当該分野に関する専門図書館として所属機関の職員の業務遂行を支援している。支部図書館制度は、国立国会図書館法に基づいて国立国会図書館本館、同関西館、国際こども図書館とともにこれらの支部図書館によって形成される図書館ネットワークであり、各省庁の刊行物の交換や資料の相互貸借、各種の調査業務など幅広い図書館協力業務をおこなっている。国立国会図書館「支部図書館制度について」([https://www.ndl.go.jp/jp/branch/admin.html] [二〇一九年八月五日アクセス])を参照。

(20) 中井正一、鈴木正編・解説『中井正一エッセンス』(こぶし文庫、戦後日本思想の原点)、こぶし書房、二〇〇三年、二四三ページ

(21) 同書二四三ページ

(22) 同書二四二ページ

(23) 同書二四三ページ

(24) 日本図書館協会編『市民の図書館』日本図書館協会、一九七〇年

(25) 前掲『中井正一エッセンス』二四四ページ

(26) エットーレ・ジェルピ『生涯教育――抑圧と解放の弁証法』前平泰志訳(現代社会科学叢書)、東京創元社、一九八三年、二〇ページ

(27) 「生涯教育」と「生涯学習」という用語については、わが国でもいろいろな経過があった。一九八一年の中央教育審議会「生涯教育について(答申)」(文部科学省「教育委員会月報」第三十三巻第五号、

文部科学省、一九八一年、一一七―一三九ページ)を参照されたい。
(28)前掲『生涯教育』二〇ページ
(29)久保和雄『図書館屋の小さな窓』青弓社、一九八八年
(30)同書一八〇ページ

第2章　文化としての図書館

1――文化という「物語」

文化とは多義的な概念である。本章で、文化について包括的に解き明かすなどという無謀なことを試みるつもりはない。図書館という状況で繰り広げられるであろう、人々の営みや、そのこと自体が図書館というものの性格を形作るという意味において、文化とは何か、ということについて考えてみたい。

◆――図書館で育まれ、営まれる「物語」

尊敬する図書館員である千葉県浦安市立図書館の鈴木均さん(1)と、図書館の意義やその可能性について意見交換をしたことがあった。鈴木さんは、図書館の価値をめぐる議論について、定量的な評価軸には限界があり、これからは定性的な評価についてもっと検討されなくてはならない、というようなことを言われた。

鈴木さんは、その可能性を図書館というコミュニティーで共有される「物語」に見いだし、喪失されつつある人と人をつなぐ媒介としての機能[2]に、図書館の本質的な役割があるのではないか、と語った。

鈴木さんは、この文脈での物語という言葉の本質を表す表現として、「意味の流れ」という言い方をした。私はこのフレーズに強く心を動かされたことを覚えている。

「おはなし」としての物語も含めて、人が生きて過ごす時間に生起する事象には、何かしらの意味があり、それらの連なりや関わりを「意味の流れ」として捉えたものが物語なのだ。現代社会に求められる物語とは、時間や空間といった諸条件を踏まえて、そこに表れている「意味の流れ」を紡ぐ営為なのではないか、というのが鈴木さんの主張だ。

そこから私は、インスパイアされたことがある。図書館には、図書館員と来館者との間で生じうる物語に、ある種の「母型」があるのではないか、という妄想である。「類型」と言ってもいいかもしれないが、ここではあえて「母型」と表現する。

『ブリタニカ国際大百科事典』[3]には、「母型」とは、活字を鋳造するとき、活字の字面を造る型のことを指すとある。「母型」というしつらえから、言葉を表出する「活字」が生まれる。図書館には、そうした「意味の流れ」を紡ぎ出す「母型」が生み出される要素が、精緻に、あるいは雑然と存在しているのではないだろうか。

例えば子どもは、図書館で昆虫の名前を司書に調べてもらって知るだけでなく、昆虫の名前を調べる本があることを知る。ここでは、「人に聞く」という受動から「本で調べる」という能動へと、行為の質的変化が生み出される。図書館という「母型」が、利用者の行動の変化という「活字」を生み出すのだ。

あるいは一人の患者は、医師の説明では納得できなかった治療方法について、自ら紐解いた医療書から納得を得て、落胆を踏み越えて治療に向き合うようになる。また、ある読者は、『ねずみ女房』[4]のつぶやきから、知らない世界へのあこがれと現実の世界に生きることの尊さと、けれども何かを犠牲にすることからしか得られなかった知恵に共感し、自らの人生を俯瞰する視座を得る。昨日と同じだったはずの明日が、違った景色に見える自分に気づく。

図書館は、流れゆく日常に、ちょっとした波紋を作る「私」自身の行為を生み出してくれる場所かもしれない。あらゆる無駄を排除し、便利で快適だけれど、すべては交換可能な「価値」のために取り引きされる現代。「私」自身が、そうした交換可能なモノとして、次第に意味を喪失していく。残るのは、自然界の有機物としての身体。その身体さえも、操作可能な遺伝子に分解されている。

いまこそ、私たちは「意味」ということに、自らの存在や意義を見いださなければならないのではないだろうか。「私」の存在意義を見つけようとすることは、一人ではない、人間社会という関係性を感受するための大切な営みとしてあるべきだ。

図書館という「母型」が可能にする、自分や他者との交わりのなかで生み出される「活字」によって、私たちが自身の「物語」を紡いでいくことを支えるような場。それが、これからの図書館に求められる機能ではないだろうか。

◆——非日常としての図書館と読書

たのしみは　人も訪《と》ひこず　事もなく　心を入れて　書《ふみ》を見る時

幕末の歌人、橘曙覧《たちばなのあけみ》の歌で「たのしみは」で始まる一連の歌を集めた『独楽吟』(5)の一つである。図書館では、わが子が呼ぶ声に生返事をしながら、本に読みふける若い母親の姿を目にすることがある。そんなとき私たち図書館員は、本を介して子どもの相手をするようにしている。

「人は読書する生き物です」(6)とは、詩人の長田弘の言葉だが、はたして私たちは必要に駆られて、あるいは心の声に従って本というものに向き合っている。現代のように様々なメディアが私たちの暮らしを取り巻き、画像や動画、あるいは音声を介したコミュニケーションが繰り広げられる日常でも、一人、活字に目を落とし、意味の咀嚼と情動に時間を費やすひとときがある。本はどこにでも持ち運べ、蛍雪の明るささえあれば、読むことができる。しかし、日常生活でじっくり本に向き合う時間をもつことは、それほど簡単なことではない。

科学技術の発達は、暮らしや仕事にかかる手間ひまを省いてくれたが、皮肉なことにそこで生み出された時間は、さらなる「成長」のために私たちをなお一層多忙にすることになった。手仕事のなかに潜んでいた、一方から見れば無駄な時間のなかに、私たちは自分自身や他者と交わる余裕を抱き合わせていたのではないだろうか。

そこで、図書館という空間について考えてみたい。図書館は、どんなまちにもある、またあるべき教育文化施設である。「暮らしの中に図書館を」という図書館づくりのスローガンがあったように、日常のなかにあるべき存在である。しかし、図書館という空間は、非日常性にあふれていると言っていい。規模は様々だが、自宅では考えられない空間にいくつもの書棚が並び、これまた個人で蔵書することの、あるいは一生をかけても読み切ることの難しい数の本や雑誌が、世界を構成する様々な分野ごとに並んでいる。そして椅子や机が用意されていて、自分がそこで読むことが奨励されるだけでなく、本に向き合う他者がいる空間なのである。

わが国の戦後図書館の黎明期、本を借りて自宅で読めるようにするということが、図書館が住民に提供すべき一義的なサービスとして重視された。そのことの意義はいまも変わらない。しかし、一九九〇年代を境に、耽読することができる空間、あるいは参照のための読書空間としての建築に光が当たった。滞在型図書館と呼ばれ、貸出機能だけでなく、本に向き合う時間や交流空間を提供する場所としての役割が求められたのだった。

手のひらに乗る小さな液晶画面で、電話やメールは言うに及ばず、読書やゲーム、買い物やホテルの予約までできる現代に、図書館という物理的空間で本と向き合うというのは、あるいは特異な営みなのかもしれない。しかし、佳境に入ったページの画面に、メール着信の表示が割り込むことなく、心の赴くままに本と向き合うために、あえて図書館という空間に出向いてみるのも悪くはない。

いまという瞬きを繰り返し、更新され続けなくては存在を確かめられない時間に別れを告げて、編まれた言葉の世界にしばし身を委ねるために、スマートフォンを封印して図書館で過ごしてみてはどうだろう。

本を探す人の気配、窓の外の季節、手のひらに確かにある本とページをめくる指。そうした時間のなかで、私たちは探していた言葉、あるいはすでに自分のなかにあったとおぼしき認識と出合う。再び長田弘の言葉に耳を傾けてみる。「本を読むことが、読書なのではありません。自分の心のなかに失いたくない言葉の蓄え場所をつくりだすのが、読書です[7]」

◆——日常の出来事に意味を見いだす

私たちの日々の暮らしは、取るに足らない平凡な営みの繰り返しかもしれない。しかし、その一つひとつの出来事に、鈴木均さんが言う「意味の流れ」というフィルターを差し入れてみると、ごく日常的な出来事が、私たちにとってかけがえのない物語性を帯びてくる。

例えば、岡山県瀬戸内市民図書館が毎月高齢者施設に巡回している移動図書館での一コマ。入所しているお年寄りの日常にとっては、月に一回本の貸出と「おはなし会」の時間を提供する図書館サービスは、いくつかあるアクティビティーの一つである。

そこで、一人のお年寄りが、猫の写真集を手にする。そのお年寄りは、かつて大好きな猫と一緒に暮らしていたが、施設への入所とともにその日常が断たれてしまい、元気のない日々を過ごしていた。そのお年寄りは、猫の写真集を慈しむように眺め、ときには涙を流し、最後には穏やかな笑顔でその本を閉じたという。

この光景を見ていたある介護福祉士は、私たち図書館員にこう言った。
「われわれ介護福祉にあたる専門職が、どれほど丹念にケアしても慰めることができなかったこのお年寄りの塞いだ心を、一冊の本がひらいてくれました。悲しみを悲しみとして、そして、楽しかった記憶を楽しい時間としてよみがえらせて、笑顔を見せてくれた。この方は、一週間後に召されたのですが、もし、あの本に出合っていなかったら、塞いだ気持ちのまま逝っていたかもしれない。しかし、あの写真集との出合いのおかげで、楽しかった記憶を心に抱いて、召されることができた。介護者として貴重な経験をさせてもらいました」と。

この介護福祉士は、移動図書館サービスというなにげない日常が引き起こした一人の女性の心象を、その人にとってかけがえのない物語として受け止め、さらには、介護福祉士という自分にとっても代えがたい体験と捉えてくれていた。

一人の人間が生を終えるという非日常は、私たちの周りではごく日常的なこととしてあちこちで繰り返されている。そのような日々に、図書館はちょっとした波風をたてる。正確には、私たち一人ひとりが自身の行為として、本から何かを受け取る。そこにある心象が、波紋となり身体的な表象も伴って他者を巻き込む。介護者は、そこにある、その人に存在している「意味の流れ」を見いだしたのである。

図書館は、このように日常という陳腐なものとして見積もられた人々の時間から、物語を紡ぎ出す。

図書館という空間あるいは機能がもたらす「他者性」との遭遇は、能動的であれ受動的であれ、私たちの心に「意味の流れ」を取り出すことを迫る。

こうした非日常が、当たり前の景色としてそこにある、あるいは公共政策の実現としてそこにある図書館では、静かに繰り返されている。楽しいことを楽しいと感じ、美しいものを美しいと感じ、悲しみを感受してそれを解き放ち、よきものを求めるエナジーの礎としていく。

そのような心の表れが、多様かつ豊かに繰り広げられるまちにこそ、人々をつなぎとめる「物語」が育まれるのではないだろうか。

生活は連綿と続きながら、暦という循環のなかで折り重なる日常を形成している。日々繰り返される日常のなかで、人間社会では様々な出来事が生じ、あるいは人間の意志や情動が社会のあり方を変えてきた。こうした事件が記録されることで歴史が形成される。

また、このような時間に生きてきた生身の人間の喜怒哀楽が、呪詛や祈りという心象を形にして舞踊や歌を生み出し、やがては祭事や技芸へと発展し、芸術として成立した。

私たち人間が生きるなかで生じる心の表れがひとまとまりの意味をなし、私たちのなかに確かなものとして定着することが物語というものの姿であり、物語を生むモノ・コトが、文化と呼べるものなのかもしれない。

図書館とは、文化を資料や情報として保存するだけでなく、そうした資源と出合った人間のなかに物語という心象を作り出し、新たな文化を生み出している場なのである。

2——子どもの文化と図書館

戦前から一九五〇年代までの公共図書館は、ほとんどの子どもにとって行きたい場所ではなかった。七〇年代になって、公共図書館が「市民の図書館」を標榜し、「貸出サービス」「児童サービス」「全域サービス」を柱に、住民にとって身近で使える図書館を普及させる活動を展開するようになると、子どもにとっても大人にとっても、公共図書館は行きたい場所、行く必要がある場所に変わってきた。

子どもにとっては、学校図書館も重要な施設である。公共図書館は、法律によって義務設置とはなっていないが、学校図書館は、学校図書館法によってその設置が義務付けられている（同法第三条）。その理由は、「学校図書館が、学校教育において欠くことのできない基礎的な設備であることにかんがみ、その健全な発達を図り、もつて学校教育を充実することを目的」としているからである（同法第一条）。

◆——子どもの文化

さて、子どもの文化というとき、歴史のなかに子どもはどのように描かれてきただろうか。「子ども」という存在が、「小さな大人」ではなく、発達段階によって目まぐるしく変化する成長というプ

ロセスにある独特の存在であることを、歴史はいつ認識したのだろうか。(8)

子どもの無垢さは芸術的表現の対象にもなったし、また最も効果的に芸術の恩恵を受ける鑑賞者としても存在した。

あるいは、「生活文化」での子どもは、様々な営みの節目をつなぐ結束点のような役割を果たしてきたのではないか。新たな人口として、また家族のつながりとして、子どもはこの世に生を受ける。子どもを養うための労働、子育てという家事文化、子の成長と幸福を願う祭事、通過儀礼。子育てという文化のなかで発展・変化してきた生活文化もあり、「遊び」という子どもだけの世界や文化も豊かに繰り広げられてきた。「遊び」は、子どもによって創造され、継承されてきた文化だ。

このように、文化とは、人間が生きているなかで生じる営みそのものであり、そうした足跡として残されたもの、あるいは引き継がれてきたものたちの総称と言っていいだろう。

子どもの文化を見渡すことは、子どもが置かれている環境、言い換えれば、大人が子どもとどう向き合っているか、社会が子どもをどのように取り扱っているかを俯瞰することにほかならない。

このことを考えるとき、情報という概念が重要な補助線になる。これまで見てきたとおり、文化とは人間がより豊かに、あるいは美しく幸福に生きたいという願いを抱くなかで創造されてきた営みの産物である。

しかし、現在のいわゆる文化という諸産物は、消費されるものとしての意味合いを大きくしている。消費を成立させる大きな要因は情報である。

國分功一郎は『民主主義を直感するために(9)』のなかで、豊かに生きることの内実として、かつての「浪費」が、現在は「消費」へと変化していると看破する。現在の消費は、決して満足を定着させない。

例えば、携帯電話はまだまだ機能的に問題なく使えるのに、半年程度でモデルチェンジする。そうしないと商品が売れ続けないからである。ここでニューモデルを手に入れようという人々は、新機種（＝モデル）そのものを受け取っているわけではないと國分は言う。つまり人々は、「チェンジ」という情報・意味だけを受け取っているのだ、と。結局のところ現代の消費とは、モノ（モデル）を受け取っているのではなく、意味や記号（チェンジ）を受け取っているというのだ。

子どもの場合はどうか。流行のゲームソフトをほしがる。友達がアイテムを購入してゲームのフエイズを進めていれば、同じようにしたいと欲する。ここでは、そのゲームを楽しみたいという本質以上に、みんなと同じものを持っているという意味・記号がより重要な意味をなす。子どもにとって「遊び」とは、創造し伝承するという文化から、意味や記号という情報を消費し続ける経済活動の側面を強くすることになっているかもしれない。

とはいえ、ゲーム文化は個性的なキャラクターや魅力的な世界観を鮮やかに描き出し、プレイヤーをのめり込ませるきわめてクリエイティブなコンテンツだ。ゲームの作品世界が、映画化・アニメ化・漫画化・ノベライズとミックスメディアを展開する巨大なエンターテインメント市場を形成している。そのため若く優秀なタレントが、オリジナリティーの評価と自己実現を目指してゲーム業界に多数参入している。こうした作品世界が、子どもたちの感性や想像性に与える影響は少なくない点で、ゲームを文化事象としてしっかりと受け止める必要がある。

ただし、昨今のゲーム文化は、かつての子どもの遊びに比して、消費性という側面を強くしている。経済格差が子どもの遊びの文化にどのような影響をもたらすかについて、文化施策を担う公的機関が無関心でいていいはずはない。ゲーム文化は市場のメカニズムのなかで生み出されるものではあるが、子どもの成長と並走する文化的営みを支えることは、教育と文化という観点から一定の公共性を帯びることになるだろう。

文化事象という視点での、図書館における子どもへのサービスはどうだろうか。

公共図書館が整備される以前、ある程度の人口がある地域では、子ども家庭文庫という、地域の母親が自宅の一室に設けた私設図書室があった。翻訳家で児童文学作家の石井桃子が開いた「かつら文庫」での様子をつづった『子どもの図書館』[10]に影響を受けた全国の母親たちが、こぞって文庫活動をおこなった。しかし、娯楽に飢えていた子どもたちの利用が増大し、家庭文庫だけでは十分なサービスがおこなえないことから、この母親たちを中心とした住民が、自治体に図書館設置を求める運動を展開したのである。

こうした背景は、「市民の図書館」が全国に展開される遠因になっている。この運動の中心だった子ども文庫主宰者は、子どもにとっていい本を手渡すことに大変熱心だったため、公共図書館に取りそろえられるべき子どもの本についてもいろいろと要望を出していったのだった。

いわゆる調べ学習用図書などがいまほど出版されていなかった一九七〇年代から八〇年代の公共図書館では、絵本や児童読み物、図鑑や科学読み物が大変よく利用された。図書館があるまちでは、こと読書という文化では、中央との格差是正にそれなりに成果があがっていたのではないだろうか。

◆――図書館がこれからできること

子どもが、一人でも気軽に立ち寄れ、文化に触れることができる絶好の場所はどこだろうと考えるとき、図書館はかなり有力な施設としてリストの上位にあげられるだろう。

図書館は、何かをしなくてはならないところではない。本を読んでいても、いなくてもいい。読んだフリをして、ボーッとしてもうたたねをしてもいい。友達と行ってもいいし、一人で行ってもいい。そして、一人でいても、まったく不自然ではない。

友達と出会えば、このごろの気のきいた図書館なら多少のおしゃべりは許容される。何か読みたい本があれば司書に探してもらえるし、どんな本を読んでいいかわからないときも司書に相談すればいい。

調べ物ももちろんできる。情報のナビゲートは司書の専門領域だ。大人たちが本を読んだり勉強したりしている姿に出会うこともできる。子ども向けの映画会もあるし、一般向けの映画会に背伸びして参加するのもいい。昆虫好きなら、ちょっと手に負えないような専門書にも手が伸びることだろう。

音楽のCDもある、映画のDVDだってある。楽譜もシナリオもある。デザインやイラストに興味がある子にもお気に入りの本が見つかるだろう。英会話に興味があれば、ネイティブの会話CD付きの本もある。東京の博物館案内の本もあれば、南アルプスの山岳ガイドもある。

さて、こうした図書館があれば、東京発の文化・情報も、ある程度はつかめるだろう。困るのは、こうした図書館が身近にはない地域がまだまだあるということである。

◆——子どもにとっての文化資本

さて、本節の前半では、子どもの文化が創造され継承されるものから、消費される情報へと変わってきたことを指摘した。どの時代にも流行というものはあったものの、資本主義が加速した現在、市場の影響が強くなったことで流行のサイクルが早くなり、かつその質的変化が生じているのではないかという指摘でもある。

市場の論理で展開される娯楽産業に「遊び」を得ている子どもたちの営みも、大きな文脈で見れば文化の一つであるにちがいない。しかし、こうした遊びの形態の変化、言い換えれば遊びに必要となるコストの変化は、子どもの置かれた状況による文化格差を生み出す要因になりかねない。

写真1　ベンチソファで本を広げる子どもたち（撮影：漆原宏氏）

吉田右子は、デンマークの図書館でゲーム機やゲームソフトの貸出をしていることに触れ、移民が多いデンマークでは、所得格差からゲームを楽しめない一定層の子

どもに遊びを保障することも、文化格差の是正という観点から図書館の重要なサービスであることを指摘している。(11)

さて、文化の格差とは、どのような様態で現れ、それは具体的に私たちの人生にとってどのような影響を及ぼすのだろうか。

いわゆる先進諸国では、民主主義的な価値観から、あるいは国力の維持発展という観点からも、国民が自立した生活を営み、社会の構成員として何らかの役割を果たせるよう、基本的なリテラシーを教育によって平準化させることを政策としておこなっている。しかし、こと文化というものに関しては、文化との接点や、その浸透が広げる生活のあり方には、状況による様々な違いがある。こうした違いは、個人では可処分所得の差異によって生じ、国家という単位では、「文化政策の不在」によって生じることになる。

これまで見てきたように、文化とは日々の営みのなかで私たちを包み込み、そして私たち自身もその担い手として、有形無形に文化様態や慣習を育んでいる。それは、短期的に、まとまった資金で、ほしいものをほしい分量だけ手に入れることができる商品のように交換することができないものだ。例えば、茶道での所作や思考あるいは精神性が、いくばくかの現金によって直ちに購入者に移転することはありえない。つまり文化とは、その時点での個体のポテンシャル、発展可能性のベースとして個々人の身に備わっているのである。

発展可能性での重要な概念に、インドの経済学者アマルティア・センの「ケイパビリティ」(潜在能力)がある。センの潜在能力は、機能の集合として説明していて、人の暮らしぶりのよさを表す様々な状態や行動を指す。例えば「健康である」「教育を受けている」などである。すなわち、社会の枠組みのなかで、その人がもっている所得や資産で何ができるかという可能性を表すもので、例えば差別を受けていて、できることが限られる場合には、潜在能力はそれだけ小さくなる。潜在能力が大きいほど、価値ある選択肢が多くなり、行動の自由も広がる。潜在能力は、この意味で自由と密接に結び付いた概念である。(12)

文化がもつ特性を、「文化資本」と名付けたフランスの社会学者ピエール・ブルデューは、文化資本を三つの形態に整理している。一つ目は「身体化された形態の文化資本」(慣習行動を生み出す諸性向、言語の使い方、振る舞い方、センス、美的性向など)、二つ目は「客体化された形態の文化資本」(絵画、ピアノなどの楽器、本、骨董品、蔵書など、客体化した形で存在する文化的財)、さらには「制度化された形態の文化資本」(学歴、各種「教育資格」、免状など、制度が保証した形態の文化資本)の三つである。(13)

平田オリザは、健康のように身体の変化に表れず、教育のように学校での日常で見つけてあげられない子どもの貧困問題として、この文化資本の課題を指摘している。とりわけ、「身体化された形態の文化資本」は、社会でのコミュニケーション力によって就ける仕事の選別がおこなわれる現代という状況において、子どもの将来の自由度を決定付けるほどに重要だという考え方を示している。(14)

さて、デンマークの図書館が、子どもたちにゲームを楽しむ時間を保障していることを紹介した。これは、経済的な事情で子どもがゲームに触れることができず、そのために子ども同士の遊びのなかで疎害されることがないよう、また、ゲームという遊びが育む想像力や思考力、あるいは子ども時代の記憶として刻まれることになる同時代性の保障という意図もあるのではないだろうか。

図書館が子どもの文化資本形成についてできることは少なくない。児童文学に触れる情操の豊かさを身につけさせたり知識や情報を提供したりするという教育的配慮を超えて、その子どもと時代の文化との接点づくりについて、わが国の図書館が取り組むべきことは多い。(15)

3――文化格差は埋められるか

◆――東京という引力

地方での文化格差を語るには、東京という存在を抜きにはできない。

東京という都市には、人口はもちろん、政治、経済、そして情報も含めた文化が集中していることは周知のとおりだ。大企業の本社、全国のマスメディア、出版社の多くも東京に存在する。国土の広さに違いはあるが、例えばアメリカでは大企業の本社は全米に点在している。文化についても、演劇はブロードウェーでも映画はハリウッド、政治はワシントンでも金融はニューヨーク、などというように一極集中にはなっていない。

わが国では、どのような分野であれ、全国的な展開や影響力を志向するのであれば、とりあえず東京に出る、という行動様式が逃れがたいものになっているのではないだろうか。

そうした地場で求められるベクトルは、新奇性に富み、普及性が高く、経済性に秀でていることである。東京という地場は、こうしたフィールドでの競争の勝者になることを促す。したがって東京という言葉は、地理的意味合いを超えた記号性をまとっている。そしてそこで生み出される様々な価値や表象には、高い市場性が求められる。

◆——文化の諸相

本章の冒頭でも指摘したとおり、文化とは多義的ではあるが、ここでは「歴史文化」「芸術文化」「生活文化」の三つに整理して議論を進めたい。

歴史文化は、日本というエリアのなかではるか昔から通時的に蓄積されてきた事象のことである。それらは、日本各地で積み重ねられてきた出来事の集合であり、その足跡は考古遺物、建築、美術工芸、古文書などの文化財として表れる。例えば、子どもの遊びの歴史は、古玩具や古文書などの遺物をたどることでその姿を探ることができる。

芸術の起源には諸説あるが、もともとは祭事での舞踊や唄、祈りの象徴としての偶像などが発端であり、それは魂に関わる営み、つまり精神活動として始まった。芸術的行為は次第に分化され、もっぱらその活動に専念する者が生まれ、これを権力者や宗教、また民間の人々が支えてきたが、統治構造の変化とともに政府が文化の振興に役割を果たす局面が現れ、文化政策や文化行政なる用語ができた。

宮澤賢治に『農民芸術概論綱要』がある。美が魂を癒やし、明日への意欲をかきたてるなら、すべての人が芸術家としての生を志向すべきではないか。曰く——。

職業芸術家は一度亡びねばならぬ
誰人もみな芸術家たる感受をなせ
個性の優れる方面に於て各々止むなき表現をなせ
然もめいめいそのときどきの芸術家である(16)

それぞれの生のなかで、魂を癒やすものとしての芸術を感受する精神こそが、手放してはならないものなのだ、と賢治は言いたかったのだと思う。美しいものを美しいと感じ取る精神性は、美しいものによってしか開花しない。そしてそれは、そうしたものを感受しようと無心に開かれた精神によってしか捉えられない。芸術の感受と創造は、合わせ鏡のように共鳴し合うものではないだろうか。

さて、現在の芸術文化に関与するものには、これを創作し体現するものと鑑賞するもの、そして、そうした関係性を成立させる劇場や博物館などの制作者（プロデューサー）という三つの属性がある。ただ、これら三つの属性は固定的ではない。あるときの鑑賞者は、別の機会に創作者であり、また制作者ともなりうる。

生活文化は、文字どおり、私たちの日常生活のなかで培われてきた慣習・風習あるいは関係性である。これも日本というフレームで捉えればある程度共通したものではあるが、生まれ育ったまちというトリミングによって、見えるものは違ってくる。風土という言葉があるように、それぞれの地域ごとに生活文化の様相は多様である。こういったものが全国的に見て類似性がない特殊性をもつとき、文化財としての価値が高まることになる。

◆――図書館がこれまでしてきたこと

図書館は、住民にとってどのような便益をもたらしてきたのだろう。本節のテーマに即せば、とりわけそれは、東京と地方の文化や情報の格差の解消に貢献できたかということになる。

図書館がまだ住民にとってなじみがない状況で「使える図書館」という信用を得るには、端的に住民が求める本を借りることができるかが大きな意味をなした。

一九七〇年代に、求められる本は、文化教養を得ることやいわゆる楽しみのための読書、つまり文学、小説が中心で、次に主たる利用者層だった専業主婦が求める家政科系の本、つまり料理や手芸、園芸の本が多く利用された。

一九八〇年代末までは、公共図書館の中心は市立図書館で、地方都市に図書館が整備されれば、東京の書店に陳列されている書籍の一定部分は読むことができたと言える。特に、八〇年代からは、希望した本を取り寄せてもらえるリクエスト・サービスが盛んになると、テレビや新聞、雑誌で紹介された本を利用者がすぐさま公共図書館にリクエストして、東京から発信された文化情報を地方都市の図書館でも手に入れることができるようになった。

もちろん、書店が身近にあれば、購入という手段でその文化・情報に触れることはできる。しかし、書店で取り引きされるのは「私有財」なので、いわゆる排除の論理がはたらく。つまり、購入の対価を支払えない者は、その財やサービスから排除されてしまう。無料原則をうたう図書館法第十七条は、図書館が公共財の仲間であることの証しと言っていい。

図書館司書が選択する図書以外にも、住民から寄せられたリクエストに応えることによって、住民ニーズに合致した図書が提供でき、それが東京から発信される情報に即しておこなわれれば、東京と地方の文化情報格差の是正に一定の役割を果たせることにはなるだろう。

しかし、問題なのは、寄せられる要求が、東京で提供されている文化・情報とどの程度、幅と深さの両面で合致しているかである。例えば、ルネサンス期の絵画美術史について書かれている本が、東京の書店や図書館には置いてあるが、ある市の図書館では、リクエストされず、図書館も選書しなかったから所蔵されていないという事例は珍しくない。

あるいは、ブランディングやマーケティングの事例集や広告写真集、工場品質管理、看護師のための医療体系などの資料群がどの程度、広範囲かつ専門的なモノを含めて用意されているか。

つまり、顕在的なニーズへの応答だけでは、十分に文化・情報格差の是正の解消に貢献できないという面が、『市民の図書館』を手本とした実践には横たわっているものと筆者は考えている。[17]

◆——地方で「文化資本」を育む試み

東京にある様々な文化芸術や情報資源を、くまなく地方都市でタイムラグなく享受することは不可能である。しかし、図書館が取り扱う資料・情報群は、出版、ウェブメディアという資源を用いた情報サービスによって、森羅万象、全分野に対応が可能である。例えば東京で上演された演劇のようなパフォーマンスをそのまま地方都市でオンデマンドに提供することは不可能でも、そのパフォーマンスの映像作品や関連図書を提供することはできる。図書館がゲートウェイとなって、東京の文化・情報にアンテナを傾けて、関連情報や、場合によってはパフォーマンスそのものをタイムリーに提供することは可能である。

一方で、東京が発信する文化・情報が、その地域で必ず必要なモノかというと必ずしもそうではない。前節で、地域住民の顕在的なニーズへの応答だけでは、十分に文化・情報格差の是正の解消に貢献できないと指摘した。その一方で、市場の論理で企画され生産される文化・情報のすべてが、様々な事情や特性が異なる地方に必要かというとそうではない。

その地域で育みたい、あるいは不足している文化資本を育てるために必要な文化・情報を選択的に取り入れればいいのである。例えば、地元特産の農産物を生かした商品化という政策課題があれば、マーケティングやデザイン、ネーミングなどブランディングについて、さらには販路、流通といった情報やトレンド文化を収集すればいい。あるいは、若い人たちが集える公共空間を整備しようというのであれば、都市部の若者に支持されているデザインやアクティビティーに関する情報を得ればいいだろう。

都市の文化をただそのまま地方に持ってきて、モザイクのように張り合わせたところで、その土地で生かせる文化的価値は生まれないだろう。ただの足し算では、単純に移入された「文化」でしかない。重要なのは、その土地で生きる人が、その土地で生かす「何ものか」として新たな価値を創造することだ。そのためには、自分たちが生きる地域が、どのような自然条件のもと、歴史を重ね、そして現在の産業や文化が形成されてきたかをきちんと知っておく必要がある。

岡山県瀬戸内市の「FabLab Setouchi β」では、3Dプリンタや3Dスキャナ、レーザーカッターなどの最新の機器を使って、日本刀の聖地として有名な刀剣関連のグッズを製作したり、須恵器の古窯遺跡にある寒風陶芸会館とのコラボレーションでオリジナル商品の開発をおこなっている[18]。

また、これからどのような経済産業の進展を支え文化施策を展開していくか、市民と行政による協働的な議論と事業推進も重要な課題である。例えば、瀬戸内市立図書館友の会・もみわフレンズでは、図書館や社会教育課との協働によって、将来、市や県あるいは国の指定文化財になる可能性がある地域の文化財を、市民の力を借りて発掘する試みをおこなっている。

子どもの育ちという面では、その地域にしかない郷土文化を足がかりに、地域を理解しその未来を展望する創造力を育む取り組みが必要である。瀬戸内市では、地元が生んだ世界的糸操り人形師・竹田喜之助を慕う住民がアマチュア人形劇団を主宰し、瀬戸内市民図書館で毎月定期公演を上演しているが、このなかで、小学生で編成される子ども劇団が継続的に活動を展開していて、前出の「FabLab Setouchi β」が、竹田喜之助の人形製作技術をテクノロジーの力でサポートしている。

東京で享受できる様々な文化資本を、地域特性に合わせて選択的に摂取することが肝要だと述べた。それに加えて、自然美や文化財、その土地特有の風土文化が育むことができる文化資本というものが必ずやあるはずだ。そうした資源をしっかりと見つめ、育てていく営みも忘れてはならない。

◆——はるかに東京を望みながら

地方分権とは、結局のところ各種政策のナショナルミニマム[19]の放棄として機能し、法定受託事務[20]という名の機関委任事務は残り、権限とともに仕事は増えたが税源は移譲されないという、地方にとっては厳しい政策であった。なくなったはずの通達行政は、通知行政という形で残っている。リスク分散という面でも文化の多様性という面でも、理念としての地方分権は、行政でも民間企業でも有効であるはずだ。しかし、事態は変わらなかった。それは、やはり短期的な利便性や利益に重きを置く行政文化と、それを是とする政治文化の表れだろう。そうしたものの総合として、東京という現象はいまもある。

そうであるならば、東京以外の地域は、一極集中といういびつな偏在のうえにある果実を甘んじて受けざるをえないながら、その影響をできるだけ少なくしていく地域独自の取り組みを速やかにおこなうべきである。フラット化する経済観念や貨幣価値からも少しずつ距離を置いて、地域の小さな経済で、消費生活としてはミニマムでも、自然や文化の豊かさを感じながら、自分なりに自由な生き方を選択する若者が徐々に増えている。

しかし、そうした人々が都市から離れる際に不安となるのは、教育と文化である。自然は豊かで、食べ物も安くておいしいが、子どもが就きたい職業の幅を狭めることになるような教育文化環境であれば、逡巡するのも無理はない。

子どもの文化を対東京という視点で見るとき、これから求められるのは公共図書館である。図書館という空間は、どんな土地にあっても、その土地になじみながらも、ある種のソフィスティケートを実現できる空間だ。森羅万象の資料があり、ウェブ環境が整い、ときには作家の講演が聞けたり、音楽イベントも楽しめたりする。田舎《いなか》の図書館こそ、パフォーマンスも含めた多様な文化事業や、専門書も含め洗練された多種多彩な資料群を用意しなくてはならない。

ここで財源のことが問題になる。地方にはお金がないと言うが、使い方の割合を吟味すべきだ。一般会計の一パーセントもあれば、十分にいいサービスができる。かつて勤務していた滋賀県旧・永源寺町立図書館（現・東近江市立永源寺図書館）は、三十五億円の一般会計予算のなかで三千五百万円の図書館費を計上し、まちづくりの核になっていた。

東京にキャッチアップするための文化政策であってはならない。平田オリザ風に言えば、世界と渡り合うための地域づくりとして、文化はどうあるべきかを考えたい。

そのためにはまず、子どもの文化のありようを見つめるまなざしが求められるのではないだろうか。

4――文化の自己決定能力

◆――「居場所と出番」がある広場を作る

『新しい広場をつくる』[21]のなかで著者の平田オリザは、劇場を地域の「新しい広場」と位置付け、その広場が世界に開かれ、地域はそこで世界と出合う、という地域文化論を展開している。ここで劇場と表記しているものは、地域に生きる人々が愛することができる創造的な文化活動のための場所でもある、と私は解釈した。それは、図書館であってもいいと、平田は指摘している。

平田がこうした「新しい広場」の必要性を主張する背景には、世界的な潮流であるグローバル市場経済が突き付ける地域社会の活力と重層性の喪失がある。経済合理性が地域文化やまちづくりの独自性や主体性を凌駕し、画一的な郊外都市を全国に作り出していることへの危機感がそこにある。そうした、無駄を許さない都市空間が社会的弱者を地域社会から排除することによって、凶悪犯罪が地方に拡散する結果を招いていると平田は分析している。

さてそこで平田は、「コミュニティスペースとしての図書館」という項目で、図書館が社会的弱者の「居場所と出番」を創出する公共空間として機能すべきだと指摘している。[22] 引きこもりの子どものなかには、「図書館とコンビニだけは行ける」といった層が一定数存在することも紹介している。図書館は、まだまだ「静かに本を読むところ」というイメージが強い。運営する側も「図書館では静かにしましょう」という張り紙を館内に掲示しているケースが多くある。

図書館という空間に何かを求めて人が来れば、来た人同士の何らかの会話なり交流が生まれるのは自然なことだ。そうしたコミュニケーションを地域文化の原初的営みだと考えれば、むしろこれを奨励する義務が図書館法第一条から導き出せる。

平田は、例えばコンビニエンスストアやゲームセンターにしか居場所がない若者たちが図書館に来やすいように、おしゃべりをしてもいい「談話室」を設け、そこにカウンセラーやボランティアのコーディネーターを配置して、他者との接触を創出し、会話に慣れてきたなら幼稚園児たちへの読み聞かせを体験してもらうなどのコミュニケーションプロセスを提案している。[23]

そこには、社会的包摂という思想から立ち上がってくる公共図書館の役割が想起される。二十世紀末のイギリスでは、マーガレット・サッチャー政権下で断行された公共サービスの縮減によって地域社会が疲弊していた。そうしたなか、二〇〇〇年に登場したトニー・ブレア政権は、社会的排除対策室を設置し、イギリスの社会的包摂の理念を政策に取り入れている。この政策を受ける形で、図書館情報委員会は〇〇年三月に「図書館――その包含の本質」[24]という文書を公表し、失業者や低所得者、障害者などの社会的弱者を排除から守るために図書館の機能を生かそうとした。その取り組みは、「アイデアストア」という、これまでにない外観をもち多様なサービスをおこなう図書館として具現化している[25]。

イギリスから遅れること二十年、まさにわが国は全国的な経済格差や地方都市での「緩慢なる文化破壊」に瀕している。こうした時代状況では、図書館は地域に開かれた公共空間として、誰一人排除せず、それぞれの居場所となり、文化的な生活に必要な知識や情報を得られる教育文化施設として機能すべきである。

市場が失敗する領域を政府が受け持つのであれば、その活動は市場経済の尺度で量られるべきではない。その土地に生きる人々が自分たちの暮らしや文化を主体的に決定することを支援しうる社会装置として、公共図書館は存立すべきだろう。そして、こうした「新しい広場」を作るのは、市民と地方行政との協働によるしかないだろう。市民が自治の担い手として、自分たちの広場を育ててほしいと願う。

◆――「居たい」と思う文化と図書館の役割

ここで「暮らしたい」という感覚の背景にあるのは、ハード面での条件が中心になるだろう。例えば自然環境や交通至便性など、住環境を中心とした諸条件に収斂される。

一方で、ここに「居たい」と思う感覚は、どんなふうに過ごせるかというソフト面での条件が背景にあるように思う。例えば、おしゃれなカフェやショップがある、洗練されたコレクションやプログラムを企画できる美術館や文化ホールがある、など優れたデザインであれば図書館もこれに加えることができるだろう。

これからの時代を担っていく若い世代が、ここにいたいと思えるまちには、その世代の感受性に響く文化の存在が不可欠である。しかし、ただ大都市が提供しているようなメジャーな文化をそっくりそのまま地方都市に持ち込めるわけではない。また、そうしたものを恣意的につまんではめ込んだからといって、若い世代が寄り付くとはかぎらない。

仮に進学や就職でいったん外に出たとしても、やっぱりあのまちで暮らしたい、過ごしたいと思える場所には、何が求められるのだろうか。

それは、おそらくは、個々人の主体性が保障される場、あるいは可能性を引き出してくれる場ではないだろうか。

イベント企画や自然保護活動でもいい。子育てや高齢者福祉、または地域の素材を生かした名物づくりでもいい。若い世代が自分の将来を夢見たり、漠然と未来を展望したり、自分が生きている手の届く場所で、楽しいことをしてみたいと思うような主体性を引き出してくれる「可能性の見本」が、そのまちにあるかどうかである。

具体的には、そのような意欲的な大人がいること、いろいろな発想のヒントになる多様な情報が身近にあること、同じように何か楽しいことをしたいと思える仲間と出会える場があることだ。なかなかそんな状況がないから、東京一極集中がずっと続いているのだろう。そして、そのことが地方の疲弊を助長してもいる。

ただ、人口減少に歯止めをかけて転入者を増やしている地域では、行政の政策ももちろんだが、地域社会が一丸となって、その地域らしさを生かしながら、その場所で魅力的な日常を過ごすための様々な工夫をしている。

例えば兵庫県豊岡市では、城崎温泉の一角に、稼働率が悪い県施設の払い下げを受けて城崎国際アートセンターにリノベーションした施設がオープンした。(26) 平田オリザを「芸術文化参与」に迎え、国際的な舞台芸術のアーティスト・イン・レジデンスとして活用し、世界中のパフォーミングアーティストが訪れる拠点として生かしている。ここでは、アーティストが無償で利用できるかわりに、市民にワークショップやリハーサルの公開をするなどして、世界の一流の舞台芸術を体験できる時間を設けたり、地元旅館との連携による企画をおこなったりすることによって、城崎温泉街の存在感も上がっている。また、学校教育の現場で、演劇手法を生かしたコミュニケーション教育も取り入れ、目の前に迫った大学入試改革への対応として、自分の特性を知ったうえでの他者との関係性の作り方などへの取り組みも進んでいる。

図書館も、こうした日常の居場所として、子どもと子育て世代が子どもの泣き声を気にせずにゆったりと過ごせ、中・高校生から大学生が自習や友達とのおしゃべりを楽しめ、ビジネスパーソンや多様な職業の社会人がそれぞれの必要のため、情報と空間を利用し、高齢者は一人でも仲間と和やかに交流できる空間を作れば、「居たい場所」としてそのまちで存在感を発揮できるだろう。

そのためには、建築として洗練され、かつ機能的な優れたデザインの図書館でなければならない。そして何より、サービスパーソンである図書館司書自身が、清潔でソフィスティケートされた雰囲気をたたえ、情報ナビゲーターとしてのスキルをもった存在であることが求められる。市民の興味・関心、地域の課題、世の中のトレンドも意識しながら、人々が出会うイベント企画を打ち出し、あるいは積極的な提案を持ち寄る市民をコーディネートし、協働の事業を編成していけるような、プロデューサーであり、ファシリテーターであり、コーディネーターでもあることができる、高いコミュニケーションセンスとスキルを身につけておく必要がある。

ずいぶんと高いハードルを描いた。しかし、図書館は、そうしたスキルがあってはじめて、そこにある空間や情報資源を十分に役立てることができる。図書館資源が市民にとって生きたものとして有用性を発揮するには、プロパーが関わり、情報が生きるコミュニティーをコーディネートする必要がある。

それは社会教育主事の専門領域ではないか、という声もあるだろう。そうした専門職との協業が成立すればそれもいいが、多くの自治体で社会教育主事の配置が減少し、その実態は心もとない。

図書館司書は、資料の組織化やそれに伴う情報技術、また資料情報提供や探索の専門家であることが一義的とされてきた。しかし、これからの図書館司書には、情報が役立つためのコーディネータースキル、また、情報をもとに地域社会の課題解決をサポートし、そのための協働をデザインするコミュニティーオーガナイザーとしての役割も求められている。

この専門性は、分離して構想してもいい。しかし、人口が十万人を下回る多くの市域では、そのような細分化された専門性を個別に維持することは事実上不可能である。

逆に、その役割が矮小化され、単純な貸出作業が主な仕事と誤解されている図書館司書が、情報の専門家として、そのスキルを生かし、コミュニティーの維持・発展をサポートするという新たな専門性の開発と育成を真剣に考えていかなければならない。そうしなければ、早晩、図書館司書は、自動貸出機とＡＩレファレンサーに取って代わられるかもしれない。

いま最も社会に不足している資源は、人が人として人間らしく生きていくためのコミュニケーションを成立させる関係性構築サービスなのではないだろうか。

そうした思考とスキルが、コミュニティー形成を支援し、東京一極集中を横目に、その地域でしか得られない楽しみや美しさや驚きを創造し、演出する。そしてそのことが、市民の主体性と自主性を基調とした公共性が高い自治体づくり、まち育てにつながるのではないだろうか。

◆――生きやすいコミュニティーとは

東京在住者のおよそ四割が、ＩターンやＪターンを希望しているという。[27] ゆったりとした時間が流れ、豊かな自然のなかで子育てができる田舎暮らしは、ギスギスとした都会での窮屈な暮らしに疲れた人々にとっては憧れとして映る。しかし、実際には都市生活を手放さないことにはいくつかの理由がある。それは雇用の問題であり、教育や文化への不安であり、さらには人間関係の煩わしさである。

都市の匿名性に慣れた人々にとって、地方は人のつながりが強く、地縁による関係性が移住の足かせになっている面がある。誰もが誰かを知っている共同体に自分がどう関わりをもつかという問題は、仕事を除けば選択的な人付き合いが許される都市に生きてきた人たちにとって大きな不安となる。

大学への進学を契機に地方都市を離れる若者が故郷に戻らない理由も、実は移住をためらう人々と似たような事情がある。帰っても仕事がない、ということもあるにはある。しかし、実は雇用がないわけではない。彼女・彼らがしたい仕事がないのである。

さらには、都市の文化や娯楽にソフィスティケートされた若者にとっては、素朴で穏やかな田舎の時間は退屈でしかないのかもしれない。そして、濃密な近所との関係も忌避したいものの一つだ。

しかし、こうした価値観が先鋭化していくと、都市は膨張しすぎてしまい、ますます人間的な呼吸が難しい環境になってしまう。そして、地方都市は、さらに人口が減少し、バイパス沿いの郊外型ショッピングモールさえ退店し、耕作放棄地が増え、日本は食料自給力という点でも大きな不安を抱えることになるだろう。

地方都市が戻りたい場所になるためには、何が必要なのだろうか。

図書館が、文化や情報の格差を全面的に是正することに貢献できるとは思わない。しかし、地域に生きる人々が、そうした格差に気づいて、それを埋めるために必要な情報や多様な文化、楽しみのための情報源を提供することはできるのではないだろうか。

そうした役割を果たすには、図書館が地域のことをよく知るとともに、東京が発する文化・情報にしっかりとアンテナを張って、地域が必要とする情報や文化状況を積極的に提示していく思考と力量が必要だ。しかし一方で、東京が発する文化をすべて鵜呑みにしていればいいというものでもない。

平田オリザは、「文化の自己決定力を育む」ということを地域の人々に説いている。東京から流れてくる情報、モノ、サービスを唯々諾々と受け入れていたら、地域の経済基盤も文化も収奪されてしまうのだ、と。全国で共通に必要な財やサービスはあるとしても、せめて「文化」という営みだけは、その地域でしっかりと育て、ただ守るのではなく、全国に、そして世界に発信していく意気込みがないと、未来は明るくないと忠告する。そのために重要なのは教育であり、劇場や図書館のような誰でも気軽に足を運べる「新しい広場」が必要だと力説している(28)。

さて、こうした図書館があれば、東京発の文化・情報も、ある程度はつかめるだろう。

そこで出会う人々が、お互いに持ち寄った情報や興味・関心を、図書館に集う人々と分け合うつながりができれば、その関係性自体が文化となり、地域資源になるかもしれない。

そんな「誰かが誰かを知っている」コミュニティーは、緩やかなネットワークとして都市住民にもなじみやすいものになるだろう。そうした関係性をコーディネートできる図書館があるまちが、「東京」のオルタナティブとして、「戻りたい場所」になるのかもしれない。

◆コラム◆「生活文化」と図書館

大文字で語られる概念に「文化」がある。図書館法第一条では、図書館の目的が「国民の教育と文化の発展に寄与する」こととして記されている。以前、勤務していた図書館の「友の会」で市の協働事業補助金の申請に関わる企画会議に参加したときのこと。市が提起する様々な地域課題のなかから「文化色豊かなまちづくり」というテーマを選択し、図書館との協働で取り組みを進めようということになった。

そもそも論として「文化とは何か」という迷路に踏み込まざるをえなかったのだが、会員から取り組みが不足していると指摘された文化的事象を三つのカテゴリーに分けた。一つは、最も事案が多かった「歴史文化」、次に対話が楽しく広がった「芸術文化」、そしてそれ以外に、日々の暮らしに密着した出来事や理想像を束ねて「生活文化」と整理した。いずれの切り口も、図書館は資料提供によってその間口を広げ、奥行きを確かめながら、博物資料の提供やパフォーマンスとの組み合わせによって、そのプログラムを構成することができた。

さて、ここで注目したい概念は「生活文化」である。辞書的な意味としては「生活様式」とも言われ、ある社会関係に観察される特徴的な慣習、規範、価値観、感情様式や生活行事などと解されるようである。また文化庁の解説では、「くらしの文化」「国民娯楽」というキーワードで紹介している。

この瀬戸内市立図書館友の会・もみわフレンズでの議論では、日々の暮らしのなかにある、家族や地域社会とのコミュニケーションのありようも生活文化として捉えようとした。子育ても含めた家族の成長プロセスに、地域社会や図書館のような教育文化施設がどのように関わることができるか。括弧付きの「文化」ではなく、私たちの人格の形成を基盤とした家族や地域での対話や合意形成力のようなコミュニケーション力も、高めるべき「生活文化」として捉えようという考え方である。

個人の主体性を尊重しながら、自主的な対話によって家族生活上の意思決定や地域社会の合意形成を図るプロセスを大切にすることは、民主的な社会を維持・形成するうえできわめて重要である。制度によって保障される民主主義とともに、生活文化のなかにこそ、民主的な慣習、規範、価値観が求められなければならないのではないか。

「生活文化」とは、生活風習なども包含した日常のなかで積み重ねられ、形作られるものである。そうしたなにげない日々の所作、言葉、意思、そして対話のなかに、「わたし事」と「わたしたち事」を往復するような思考様式を根付かせることが、地に足の着いた民主主義社会を作ることではないだろうか。

もみわフレンズの議論では、瀬戸内市の歴史文化に親しむ「ふるさとかるた」づくり、芸術文化に触れる音楽イベント、そして生活文化を間口に文化全体を考える平田オリザの講演会などを企画した。これらの個別の事業に図書館の様々な資料が有機的に絡まり、来館者、参加者の心象にそれぞれの「生活文化」への意識付けが起これば、この協働事業は成功と言えるのではないだろうか。それにも増して、図書館に集う市民の間に、図書館というフィールドで「文化」というものを体現しようという議論や活動が展開されていることに、司書として望外な喜びを感じる。

図書館は、そしてまちは、市民が育てていくものだということを痛感する。そのことに役立つ図書館になるために、やるべきことはあまりにも多い。

注

(1) 鈴木均さんは、二〇一八年五月六日に逝去された。享年四十六。

(2)「喪失されつつある人と人をつなぐ媒介としての機能」とは、共同体論の視座からの認識である。かつての農耕社会では、村に生きる人々が総出で田植えや稲刈りをおこない、いわば運命共同体としてのコミュニティー形成が強いられた。戦後の高度経済成長期には、会社という組織が生涯雇用と福利厚生というシステムによって、家族単位での帰属意識を形成し、一種のコミュニティー意識を醸成していた。二〇〇〇年代以降のグローバル経済下では、雇用はもとより、企業の経営基盤自体が流動化し、非正規雇用の増加は、労働者間のコミュニティーをも希薄化し、晩婚化・非婚化の増加は伝統的な家族のあり方を変え、生活者としての個人化・孤立化を深めている。そうした状況で、地域の図書館が個人利用者という匿名性を担保しながら、個々の興味・関心や課題をベースに来館し、図書館が提供する資料や情報の利用を通して、他の来館者と共通する興味・関心や課題によって関係性が構築され、いわば「政策共同体」のようなコミュニティー形成が成立する可能性が注目されている。

（3）『ブリタニカ国際大百科事典――小項目事典』第一巻―第六巻、ティビーエス・ブリタニカ、一九七二―七四年

（4）ルーマー・ゴッデン著、ウィリアム・ペーヌ・デュボア画『ねずみ女房』石井桃子訳、福音館書店、一九七七年

（5）橘曙覧『独楽吟』グラフ社、二〇〇九年、七八―七九ページ

（6）長田弘『読書からはじまる』（「NHKライブラリー」第二百十一巻）、日本放送出版協会、二〇〇六年、二一六ページ

（7）同書二一四ページ

（8）古くは、ジャン＝ジャック・ルソーが『エミール』（一七六二年）で、「子どもは小さな大人」ではないとして、子どもの固有性を主張した。また、フランスの歴史学者フィリップ・アリエスは、『〈子供〉の誕生――アンシァン・レジーム期の子供と家族生活』（杉山光信／杉山恵美子訳、みすず書房、一九八〇年）で、中世ヨーロッパから十八世紀に至る期間の子ども観を描き出した。

（9）國分功一郎『民主主義を直感するために』（犀の教室Liberal Arts Lab）、晶文社、二〇一六年、七一―七四ページ

（10）石井桃子『子どもの図書館』（岩波新書）、岩波書店、一九六五年

（11）吉田右子『デンマークのにぎやかな公共図書館――平等・共有・セルフヘルプを実現する場所』新評論、二〇一〇年

（12）アマルティア・セン『不平等の再検討――潜在能力と自由』池本幸生／野上裕生／佐藤仁訳、岩波書店、一九九九年、viページ。訳者前書きから抜粋。

（13）松村明／三省堂編修所編『大辞林 第三版』三省堂、二〇〇六年

（14）例えば平田は、二〇一七年一月十四日に開催された福武教育文化振興財団三十周年記念フォーラム「ここに生きる、ここで創るvol.6 地域にこそ在る最先端」で、貧困や地域間格差による文化資本の格差の問題点について言及している。とりわけ大学入試改革によって試される力は、詰め込み教育で育成できる知識中心のものから、思考力・判断力・表現力、さらには主体性・多様性・協働性といった一朝一夕には身につけることが困難な能力に移行していくことを指摘し、文化資本の重要性を説いている（福武教育文化振興財団「財団と人　平田オリザさん」〔http://www.fukutake.or.jp/ec/hito-no13.html〕［二〇一八年十二月三日アクセス］）。

（15）二〇一八年十月、井上奈智、高倉暁大、日向良和によって『図書館とゲーム――イベントから収集へ』（［ＪＬＡ図書館実践シリーズ」第三十九巻〕、日本図書館協会）が刊行された意義は小さくない。

（16）宮澤賢治『農民芸術概論』農と自然の研究所、二〇一一年、一六ページ

（17）よく知られているように、前掲『市民の図書館』には「要求を喚起する」という取り組みへの言及もあったが、実際、多くの実践は、より貸し出される資料を選定し、顕在的なニーズに応えることに重点が置かれたと筆者は評価している。この評価は、筆者が公共図書館に勤務した一九八〇年代後半でも、そうした傾向が顕著だったという実体験からの感慨である。

（18）「FabLab Setouchi β」は瀬戸内市の備前福岡郷土館内のモノづくり機能を活用した実践的なプロジェクトで、モノ・コトの集積とヒトのつながりを創造することを目指している。いままでの地域資産をもとに新たな取り組みを盛り込むことで、地域活動の支えとなるモノづくりを通じた「つくる文化」や「つくる技術」を広めていくことを目標に、モノラボ瀬戸内を経てFabLab Setouchi βを二〇一五年十月から備前福岡郷土館内に開設。町内会が運営する地域のモノづくりの拠点として、郷土の

歴史とともに「モノづくりでヒトづくり」の取り組みを実践している。各種デジタル工作機器を持ち、様々な文化や教育、地域活動などにモノづくりからの支援をおこなっていて、プロジェクト内外のネットワークを強化し、パーソナルファブリケーションの可能性を広く伝え、地域間のモノづくり交流を推進し、グローバルな活動を推進していくことを実践している（備前福岡郷土館「FabLab Setouchi β」〔https://fablabsetouchi.com/コンセプト/〕［二〇一九年七月二十八日アクセス］の記述から要約）。

(19) 国家が保障すべき国民の最低限度の生活水準。国の各種施策の最低基準についても使用される。

(20)「国が本来果たすべき役割に係る事務であって、国においてその適正な処理を特に確保する必要があるものとして法律又はこれに基づく政令に特に定めるもの」と定義されていて、具体的には、国政選挙、旅券の交付、国の指定統計、国道の管理、戸籍事務、生活保護などがある。

(21) 平田オリザ『新しい広場をつくる——市民芸術概論綱要』岩波書店、二〇一三年、四九—六四ページ

(22) 同書四四—四六ページ

(23) 同書四五—四六ページ

(24) 詳しくは、須賀千絵「英国の公共図書館政策への社会的包含理念の導入——『すべての人々に開かれた図書館』の分析を中心に」（「慶應義塾大学学術情報リポジトリ（KOARA）」〔http://koara.lib.keio.ac.jp/xoonips/modules/xoonips/detail.php?koara_id=AN00003152-00000055-0025〕［二〇一九年八月三十一日アクセス］）を参照されたい。

(25) 二〇〇二年にロンドン・タワーハムレッツ区に誕生した新たなスタイルの公共図書館。「アイデアストア」については、須賀千絵「イメージチェンジを図る英国の公共図書館」（「文部科学省」〔http://www.mext.go.jp/a_menu/shougai/tosho/houkoku/06040715/023.htm〕［二〇一九年八月三十一日アクセ

ス〕）や、アントネッラ・アンニョリ『知の広場——図書館と自由』（萱野有美訳、みすず書房、二〇一一年）に詳しい報告がある。

（26）国内外からアーティストを一定期間招聘して、滞在中の活動を支援する事業である。日本では一九九〇年代前半から関心が高まり、地方自治体やアートＮＰＯがその担い手になって取り組むケースが増えてきている。

（27）内閣官房「東京在住者の今後の移住に関する意向調査」の結果概要（〔https://www.kantei.go.jp/jp/singi/sousei/meeting/souseikaigi/h26-09-19-siryou2.pdf〕〔二〇一九年八月三十一日アクセス〕）から。

（28）前掲『新しい広場をつくる』五一—五二ページ

第3章　持ち寄り・見つけ・分け合う広場を作る

――瀬戸内市の図書館づくり

1――図書館整備とサービスの現前化

◆――図書館がないまちに図書館を作る

岡山県瀬戸内市は、二〇〇四年十一月一日、旧・邑久郡の牛窓町、邑久町、長船町が合併してできた面積百二十五平方キロメートル、人口約三万八千人の市である。

合併前の図書館の設置状況は、旧・牛窓町にだけ町立図書館があり、旧・邑久町と旧・長船町は、公民館図書室を有しているというものだった。合併直後は、牛窓町立図書館を瀬戸内市立牛窓図書館とし、これらの施設をそのまま引き継いだ。

二〇一〇年四月には、〇四年の台風による高潮で床上浸水した牛窓図書館を牛窓支所二階に移転し、牛窓町公民館図書室として再開した。同時に、図書館法に基づく図書館施設として位置付けるため、新図書館建設までの措置として中央公民館図書室が瀬戸内市立図書館となった。各図書館・室はオンラインネットワークで結ばれていて、物流も週四回連絡便が巡回していた。

私が瀬戸内市に赴任した年度に発行された「岡山県内公共図書館調査 平成二十四年度（平成二十三年度分）」[1]によると、瀬戸内市立図書館は、住民一人あたりの蔵書数、貸出冊数で県内二十四団体中、最下位になっている。

二〇〇四年の合併時に策定された新市建設計画には、中央図書館の整備が施策として掲げられていた。図書館計画が浮上しては実現されないという状況が数年続いたのち、〇九年、武久顕也市長（二〇一九年現在、三期目）が、図書館整備などを公約に掲げて当選したことを契機に計画が進展することになった。

翌年の二〇一〇年十月、全庁的な図書館整備検討プロジェクトチームが発足し、図書館整備にかかる情報収集が始まった。さらに、市民有志で構成されたライブラリーの会が、「図書館整備に関する情報公開」「図書館整備プロセスへの市民参加」「図書館経験のある人材を全国公募し館長に充てる」などの柱からなる図書館整備要望書を市長と市議会に陳情した。

このような流れのなか、私は全国公募に応じ、二〇一一年四月に総合政策部企画調整課に着任して、新図書館整備にかかる基本構想のとりまとめに着手した。

基本構想では、「持ち寄り・見つけ・分け合う広場」を基本理念とし、愛称を全国公募で「もみわ広場」とした。

「持ち寄り」とは、市民の夢や希望、あるいは困ったことなど、様々な情報ニーズを持ち寄ってもらうということ。「見つけ」とは、その答えやヒントを図書館の資料や各種情報源によって見つけてもらいたいという願い。そして「分け合う」とは、その気づきを、他の市民とも共有してもらえるような「知の広場」にしたいという理念が込められている。

図書館整備での瀬戸内市の方針は明確だった。それは、たたき台としての基本構想を市が責任をもって示し、これをベースに市民の意見を聞き取り、可能なかぎり計画に盛り込んでいこうというものである。こうした方針には、市長の考えが強く反映されていた。市長は二〇〇一年からイギリス・バーミンガムの大学院で公共経営を学んだ後、バーミンガム市役所でのインターンシップ経験がある。時代は保守党政権のNPM（ニュー・パブリック・マネジメント）で、イギリス社会が疲弊していた時期である。ここで市長は、「民営化路線によって、人々の幸せが得られたわけではない」(2)と実感したと述懐している。図書館整備を公設公営で進めるなかで、市民と職員がともに育ち、市民による市民のための図書館にすることができるのだという市長の考えをもとに、瀬戸内市民図書館の整備は進展していった。

基本構想をベースに市民から意見を聞くワークショップ・としょかん未来ミーティング(3)は、行政が計画を説明して市民が要望をぶつけるという対峙関係ではなく、市が基本的な考えを示して市民同士がこのたたき台をベースに意見交換をし、それをシェアし合い、この意見の束を市が受け止めて実際の計画に盛り込んでいくというプロセスをデザインした。市民の図書館に対するイメージや要望は千差万別である。これを個別に受け止めるだけではなく、市民同士が多様なアイデアを語り合い、そこで生じるケミストリー(4)によってより豊かな図書館イメージが湧き出すのではないかと期待したのである。

このミーティングは、日時・場所・テーマを告知して、誰でも毎回自由に参加できるフルオープンのスタイルとした。メンバーシップによる固定的なワークショップは、継続性が担保しやすいものの、参加の自由度が低下すると考えた。毎回、前回ワークショップの概要を説明し、議論のプロセスを理解したうえで、新たなフェイズからでもミーティングに参加できるよう配慮した。こうして、「基本計画」「実施計画」、そして設計図面についても意見を聞き取り、瀬戸内市民図書館は建設工事へと進んでいった。

◆——既存の図書館・図書室のサービス改善

就任当初、正規職員の司書は一人で、臨時職員の司書が二人いるだけだった。

二〇一一年八月から開館準備要員の枠として臨時職員の司書一人が加わり、各図書館・室を臨時職員が担当し、私と正規職員司書で新図書館の準備作業と後述する移動図書館運営、そして学校図書館支援を進めていくことにした。

最初にしたことは、各館の担当司書と面談して、現在の問題意識と改善へのアイデアを聞き取ることだった。また、これまでおこなっていた新着図書の紹介に加えて全館共通の「今月のテーマ展示」コーナーを設置し、テーマ企画を分担しておこなうことにした。加えて、公民館、美術館、博物館(備前長船刀剣博物館)などの企画事業や、市の施策に対応した関連ブックリストの作成と資料特設コーナー設置も始めた。

これらはすべて図書館のウェブサイトにも掲載するようにした。[5] 二〇一二年四月から始めた「全国津々浦々 図書館員の本棚」という、文字どおり全国の館長から三冊のブックレビューをしてもらう企画は大変好評で、毎月二回転は貸出利用されていた。

◆——市内全保育園・幼稚園への移動図書館車巡回

赴任したその翌週、早速、市内保育園長会に出席して、移動図書館による絵本の貸出とおはなし会の実施について協力を呼びかけた。

図書館がどのような役割を果たし、何を自分たちにもたらしてくれるのかについて、図書館が十分に機能していないまちでは理解してもらうことが難しい。まずは移動図書館で市域全体に図書館サービスを届けることで、そのありようを現前化することが大切だという考えから実施を急いだ。

職員体制も資料も車両も準備がないなかの決定ではあったが、幸い、二〇一〇年度の「住民生活に光を注ぐ交付金」を繰り越しで執行することができたので、新図書館用も兼ねて絵本と児童書各三千冊ずつを購入した。

公民館の軽ワゴンにコンテナで十箱、約五百冊を積んで、二〇一一年十月から市内十九カ所の保育園と幼稚園への巡回サービスを開始した。

一カ月に一度、二冊の貸出と絵本の読み語りをおこなうというささやかな取り組みだったが、移動図書館で借りた絵本を親子で図書館に返却に来てまた借りて帰るという利用行動にもつながり、確かな手応えを感じた。

二〇一二年六月からは、石川県立図書館の仲介で、七尾市立図書館から不用になった移動図書館車両を無償譲渡してもらうことができた。これによって、移動図書館に千五百冊の絵本を積載して各園を巡回できることになった。塗装整備費用は国際ソロプチミスト会・邑久の寄付金で賄い、車体のデザインは邑久高校の美術部のみなさんがおこない、そしてネーミングは公募によって「せとうちまーる号」と名付けられた。本を積んで瀬戸内市を回ってほしいという思いと、本を通して市民が輪のようにつながれば、という思いからこのネーミングを考えたと、発案者が語ってくれた。

いまでは各園に到着すると、「まーる号だ！」と子どもたちに親しまれる存在になっている。

移動図書館サービスを始めてしばらくするとうれしい反応があった。ある日、図書館施策を所管する市議会の総務文教常任委員会の委員長がオフィスを訪ねてきてこんな話をしてくれた。「うちの孫が移動図書館で絵本を借りてきて、「おじいちゃん、読んで」と喜んで持ってくる。あれはいいね。いいことを始めてくれた」。図書館のサービスが、市民のなかに届いたと感じられた瞬間だった。「実践に優る広報なし」――。図書館の必要性を訴えるには、図書館とはどのような存在で、何をする機関なのかを、実際のサービスをもって現前化することが、最も手っ取り早い広報手段だと感じた。

◆――学校図書館をマネジメントするという支援

前々職地の大阪府豊中市も前職地の滋賀県東近江市も、学校図書館支援には熱心だったので、直接担当者になったことはなかったが、支援の実際や課題については理解していた。ただ、瀬戸内市でどのような支援が必要なのか、まずはニーズを把握しないことには始まらないと思い、学校司書へのアンケート調査と回答を踏まえてのヒアリングを実施した。

当時、瀬戸内市には、十小学校に七人（六校は兼務）、三中学校に三人の学校司書が、臨時職員という採用身分ではあるが配属されていた。

アンケートとヒアリングでわかってきたことは、自分たちの仕事が学校教育のなかでどのように役立っているのか、また期待されているのかについての手応えのなさを彼らが感じていることだった。それが学校司書のモチベーションにも影響しているようだった。

幸い、公共図書館司書も含めた合同研修の機会が年七回程度編成されていたが、その内容のほとんどが、年に二回市内の司書が企画開催する「おはなしフェスタ」というイベントの企画立案と練習に充てられ、あとは実務的な実践報告が少しある程度だった。学校図書館とはどのように学校教育に関わっていくものなのか、そのなかで学校司書はどのようなスキルと役割を発揮すべきか、議論と認識が決して十分ではなかったのである。

たまたま二〇一一年に学校図書館問題研究会の大会が隣県の兵庫県尼崎市で開催されたので、校長会にお願いして学校司書の出張を認めていただき公共図書館司書も含めた全員で参加した。そこで当市の司書たちは、全国の学校図書館関係者や研究者の報告に出合い、学校図書館を真剣に考え、様々な障壁のなか実践を積み重ねている司書たちの姿を目の当たりにした。

こうした影響もあってか、その後イベント制作に偏重していた合同研修会の内容を改め、各司書の学校での実践や新たな取り組みの報告、また受講した研修の共有化などに時間を使うようシフトしていった。

翌二〇一二年一月には、市の教育研修所と市立図書館の共催で「学校図書館と子どもたちの学び」というフォーラムを開催した。親子読書地域文庫全国連絡会代表の広瀬恒子さんの基調講演とともに、島根県松江市立揖屋《いや》小学校の実践について聞く機会をもった。また、会場ロビーでは各学校図書館の活動報告パネル展を実施した。

以上のような経過を経て二〇一二年度からは、学校司書会に研究部会が立ち上がり、「読書支援」「学習支援」「配架研究」の三つのグループに分かれ、公共図書館の司書も加わって実践を前提とした研究と協議をおこなっている。

こうした諸活動を展開するためには、教育委員会の学校教育所管課と各学校長の理解の醸成が不可欠である。新たな取り組みを進める折には、毎回小・中学校に足を運んだり校長会に出席するなどして説明とお願いをした。必要な学習材料や情報を学校司書に提供しながら、自発的な動きがスムーズに軌道に乗るよう関係部署とのコーディネートをしていくことで、学校図書館がその使命と機能をより充実させることができるのではないか。こうした役割を誰がするのか、議論があるところだとは思うが、実はいまいちばん学校図書館経営に不足している取り組みなのである。

学校司書を配属して資料費をつければ、貸出利用は飛躍的に伸びる。つまり鍵が掛かっていた図書室を開いて、司書がしっかりと選んだ蔵書を整備すれば、子どもたちは当たり前に本を借り出すようになるということである。

しかし、学校教育法や学習指導要領で期待されている機能を果たすには、教職員を中心とした関係者が教育課程での学校図書館のはたらきを理解すること、そして学校司書の活動を円滑にするためのサポートをすることが重要である。瀬戸内市での手探りの支援のなかで、このことは身に染みて感じたことである。

2――正面突破としての「としょかん未来ミーティング」

◆――持ち寄り・見つけ・分け合う広場をどう作るか

二〇一一年五月三十日、瀬戸内市は、「持ち寄り・見つけ・分け合う広場」をメインコンセプトとする基本構想を公表した。

実は、このコンセプトには素地となる考え方が存在していた。「持ち寄りと分け合い」とは、図書館情報大学名誉教授の竹内悊先生が日本図書館協会の理事長をしていた折に好んで使用していた名句である。

このフレーズを使って、かつ新たな語句を加えてメインコンセプトとしたい旨を手紙でお願いした。すると竹内先生は、「私の「持ち寄りと分け合い」という言葉の意図は、図書館への理解の薄い社会で、図書館員が支え合っていこうと願うものだった。図書館が市民との約束として、この考えを置き換えてくれたことは、瀬戸内市のオリジナルな考えだ。どうぞ使ってください」と激励してくださった。

少し長くなるが、二〇一二年三月に策定した新図書館整備基本計画（呼称：瀬戸内市・としょかん未来プラン、以下、基本計画と略記）のメインコンセプトの解説を紹介したい。

高度化・複雑化した現代社会において、市民は「自己判断・自己責任」を迫られる場合が多い。しかし、様々な状況で判断や選択をするには適切な情報が欠かせない。

新図書館では、現在十分ではない市民の一人ひとりの必要に応える情報や居場所としての空間を「持ち寄り・見つけ・分け合う広場」として提供する。図書館に寄せられる様々な要求は、いわば市民が持ち寄った「必要」や「課題」である。それを図書館に集う市民が互いに自分の「必要」として見つけ、分け合う、市民の交流と連帯を育む広場を作ろうとするものである。

市民に「必要」を持ち寄ってもらうには、図書館という広場が開かれたものであると同時にその「必要」を満たす情報が一定量用意されていなければならない。また、市民がそれらを見つけるには、時勢に合わせた魅力的な資料情報の展示が必要となる。さらに、市民が互いの「必要」を分け合うには、相互の交流を醸成する空間づくりが不可欠である。これらの要素を形づくるには、司書の役割が極めて重要である。

このメインコンセプトを具体化するために七つの指針を設けた。これは、私が館長候補者選定試験の小論文に記述した柱建てをそのまま用いた。

試験の論題は、「瀬戸内市新図書館の将来像について」であった。この設問は瀬戸内市で図書館を任される者として何を約束するのかを問うているのだと、当時、認識していた。

〜七つの指針〜

1. 市民が夢を語り、可能性を拡げる広場
2. コミュニティづくりに役立つ広場
3. 子どもの成長を支え、子育てを応援する広場
4. 高齢者の輝きを大事にする広場
5. 文化・芸術との出会いを生む広場
6. すべての人の居場所としての広場
7. 瀬戸内市の魅力を発見し、発信する広場

図書館資料、情報、またそこに集まる市民の営み、市民同士の出会いそのものが、市民の人生を豊かにする貴重な資源であり、それらを市民が享受するために必要な空間や仕掛けを提供しようというのが、瀬戸内市の公共図書館思想であり、それが「持ち寄り・見つけ・分け合う広場」というコンセプトに集約されている。(6)

◆——「瀬戸内市　としょかん未来ミーティング」

図書館整備計画への市民参加をどのようにおこなうかについていろいろな手法を想定し、その絞

り込みは慎重におこなった。市民参加は、地方分権あるいは市民自治といった近年の地方自治のキータームのなかで、避けては通れない課題である。

しかし一方で、行政による安易な協働事案は、「住民参加のアリバイづくり」「政策調整の市民への押し付け」であるとする施策批判もある。意見を聞くだけ聞いて、ガス抜きよろしく実際の計画推進はまるで別物となっては、市民から信頼される図書館として育たない。そのような意識をもちながら、市民との意見交換なしでは、図書館づくりの担い手として、市民にメンバーシップを感じてもらえないと考えた。

その意味で、唯一の瀬戸内市出身者だった正規職員司書がネーミングした「としょかん未来ミーティング」という名称は、検討会や協議会という既存の行政施策のイメージを拭うのに一役買ったのではないかと手前味噌ながら思う。「ミーティング」という語感には、当事者による意見の交流という主体性が内在していると参加者の雰囲気を見て感じた。

二〇一一年十一月二十七日、一回目のミーティングを「どうなっているの編」と題して開催した。市内の各図書館・室、それに備前長船刀剣博物館、瀬戸内市立美術館などを参加者とともに見学して回るというツアーの後、最終訪問地の牛窓町公民館図書室で、「図書館の通信簿」という図書館評価アクティビティーを実施した。「図書館の通信簿」とは、ＮＰＯ法人つなぐ（代表：山本育夫）が実践している利用者参加型評価ツアー「ミュージアムの通信簿」をベースに、「公共図書館員のタマシイ塾[7]」が推進している取り組みである。

これは図書館を評価することそのものが目的ではなく、参加者が図書館を構成する様々な要素について気づきを得ることが主目的で、参加者それぞれに「もっと便利に使いたい」「もっとよくなってほしい」と、実際の利便性を考慮しながらも愛を込めて評価してもらうことをコンセプトにしたものである。

その後、牛窓町公民館で、「図書館が○○を解決してくれる」または「図書館が○○を与えてくれる」をテーマにワークショップをおこなった。ここでの「図書館が」は、図書館職員がではなく、自分たち利用者も含めて図書館にいる人全員で、あるいは図書館という場で、という意味で考えてほしいと参加者にお願いをした。

二〇一一年度は、この第一回を皮切りに、一二年二月十八日、二回目を「こんなにしたいな編」として、第一回のワークショップで出された「図書館が○○を解決してくれる」または「図書館が○○を与えてくれる」のアイデアの内容を、具体的な形として図形にするワークショップのかたちで実施した。

さらに三回目は翌週の二月二十五日、「特別編」として、「「しあわせ実感都市・瀬戸内」を実現するために図書館が出来ること」というフォーラムを開催した。「しあわせ実感都市」とは、当市の第二次総合計画のメインコンセプト「人と自然が織りなすしあわせ実感都市瀬戸内」に由来するもので、市の施策に図書館がどのように貢献できるかを考えようという趣旨を表すフレーズである。

基調講演は、「知の地域づくりと図書館――学校図書館、公共図書館の役割を考える」と題して、片山善博さん（元総務大臣）にお願いした。また、第二部では、当時瀬戸内市地域おこし協力隊長だった湯浅薫男さん（元ホテルオークラ岡山取締役総料理長）、山本公子さん（図書館協議会長）、三輪佳奈恵さん・上杉佑子さん（邑久高等学校生徒）、山﨑宗則教育長（当時）をパネリストに「「しあわせ実感都市・瀬戸内」を実現するために図書館が出来ること」をテーマに意見交換をおこなった。コーディネーターは桑原真琴副市長（当時）で、片山善博さんにもコメンテーターとして参加してもらった。

このような市民ワークショップを経て、基本計画を策定した。ワークショップの成果は、基本構想をベースにした基本計画素案の内容が参加者の意見と大きくズレていないと確認できたこと、また具体的な機能やスペースのあり方について、ワークショップで出された意見を盛り込んだことである。例えば、子どもの本のコーナーは親子でおしゃべりをしてもいい空間にしてほしいとか、中・高校生からは、対話をしながら勉強ができるグループ学習室がほしいなどの意見があり、これらを実現させた。

このミーティングは、二〇一二年度も実施した。第四回は「もう少し掘り下げてみよう」と題して、基本計画に示した各スペースでどのようなサービスや機能、設備を期待するかをワークショップ形式で出し合ってもらった。また、第五回は「振り返り編」ということで、「基本計画」そのものについて素朴な疑問や質問に答えることを主眼に実施した。「基本計画」が議論されるなかで、新図書館に興味をもつ市民が徐々に増え、ミーティングに参加していなかった市民から、「基本計画」とはどのようなものかを説明してほしいという要望があったため企画した。

そして第六回は「子ども編」として実施した。この企画に際しては、会議の進め方や構成などを、当事者である子どもたちに担ってもらおうと、企画運営委員を公募した。市内の中・高生十四人が参画して都合三回に及ぶ企画運営委員会を経て、小・中学生対象、中・高校生対象の二回の運営を取り仕切ってくれた。当事者である子どもたち自身が仕切った会の運営だったためか、参加者の子どもたちが実に楽しそうに、そして驚くほど活発な意見交換をしてくれた。

この企画運営会議では、中学生の委員から思わぬ提案が出た。それは市内の中学校で、新図書館についてのアンケート調査を実施したいというものだった。

提案者の中学生は三年生で、季節は秋。「受験勉強」という文字が事務局スタッフの頭には浮かび、また、社会教育分野で取り組んでいる事業で全校アンケートをするとなると、学校教育部門の理解も必要になる、と考えた。子どもたちの意見を踏まえて、ワークショップ設計をしようと立ち上げた企画運営会議であるにもかかわらず、事務局からは、その実行のハードルの高さ、つまり、アンケートの集計や分析、結果の公表に至る作業が、みなさんの負担として大きすぎないかと、提案の断念を説得してしまった。

中学生からは屈託のない表情で、「大丈夫です。そんなにたくさんの設問は考えていないし、何より、みんなが図書館について、本について、どんな希望をもっているか、知りたいのです」という言葉が出た。これを聞いたとき、本当に恥ずかしいと感じたことを白状しなくてはならない。思いの純粋さに、あらためて新しい図書館を作ることの意義に気づき、そして勇気を与えてもらった一幕だった。

翌日、三つの中学校の校長を訪ねて事の次第を説明し、全校アンケートの実施への協力要請をした。すると校長たちは異口同音に、子どもたちがそこまで言うのならば、ぜひ実施しよう。ただし、子どもたちから出た意見は、一つでもいいから実現させてやってほしい。決して、聞きっぱなしで終わることがないように、と釘を刺された。このとき、議会での答弁とは異なる緊張感を覚えたことは忘れないだろう。

ワークショップ当日、アンケートの結果は、グラフにしてわかりやすくプレゼンテーションされ、中学生の具体的な思いを如実に知ることができた。企画運営委員を公募してよかったと実感できた瞬間だった。

二〇一二年度の最後に、第七回として「特別編」を実施した。メインコンセプトの生みの親である竹内悊さんの基調講演、参加者によるティーチイン[8]を実施した。

以上のように、基本的にはワークショップというスタイルで、延べ約五百人の市民のみなさんと新図書館整備についていろいろな意見交換をおこなった。こうした取り組みで重視したのは、もらった意見をできるかぎりくみ取るということはもちろん、行政計画として提案した市の方向性と市民の考え、感じ方とのすり合わせをできるだけ多くの機会を通じておこなうことで、市民の間に図書館整備へのメンバーシップを醸成することだった。

まだまだ不十分ではあるが、この「としょかん未来ミーティング」は、開館後も継続して常に市民と図書館運営サイドの協働の手続きとしていく考えである。

◆――「タネは蒔くものではなく、こぼれ落ちるもの」

「としょかん未来ミーティング」の立ち上げを支えてくれた森田秀之さんについて触れておきたい。

当時の副市長との縁で瀬戸内市の「市政戦略アドバイザー」に就任していた森田さんとは、前出の「公共図書館員のタマシイ塾」ですでに知り合いだった。二〇一〇年には、当時私が勤務していた滋賀県東近江市立永源寺図書館に、瀬戸内市の視察隊をアテンドして来館していた。

実は、瀬戸内市の館長候補者試験を受けてみないかと声をかけてくれたのはこの森田さんだった。大手シンクタンクを経て独立していた森田さんは、様々な公共施設の計画づくりの支援業務などを手掛けていた。

メインコンセプトの「持ち寄り・見つけ・分け合う広場」は、当初、私が「持ち寄り・分け合う広場」として提案していた。「間に〝見つけ〟を入れてはどうでしょう」と提案してくれたのは、森田さんだった。「見つける」、つまり発見するという能動的な姿勢は、「持ち寄り」という〝参加〟と「分け合う」という〝連帯〟を見事に結び付ける〝主体〟の存在を明示する言葉だった。

森田さんには、市民ワークショップのグランドデザインを描いていくなかで、たくさんのアイデアや示唆をもらった。

そんな森田さんの言葉に、「タネは蒔くものではなく、こぼれ落ちるもの」がある。氏の恩師の言葉で、起業に際して社名の由来にもするほど、大切にされている言葉だ。

多くの組織で事業承継は大きな経営課題で、いかに持続可能性を高めるかという点で、人材育成や組織マネジメントはきわめて重要なテーマである。いわば、種蒔きをして、水や肥料を施し、育てていくものとして、「人」や「組織」を見る向きがある。

しかし、人が育ち、なにものかになるプロセスは、周到に用意された計画に基づくものだけではもちろんない。

誰かが歩んだ道筋に、意図せずこぼれ落ちたタネが、芽を出し、根を張り、茎を伸ばし、葉を繁らせ、花を咲かせて実を付けることもあるのではないか。そのようにして、様々な営みはいたるところにその息吹を吹き込み、使命や理念が引き継がれていくのではないか。

そのような思想で、例えば図書館というものが、どのように作られ、そして育っていくと考えることができるのだろうか。森田さんは、これを自分なりのアプローチで考え、実践し、様々な仕事に関わっている。

瀬戸内市の図書館も、誰かがこぼしたタネから出た芽によって、何かが構成されているのだと思う。そして、この図書館もまた、何かをこぼれ落として、その芽がどこかで実を付けてくれるものと確信している。

3―――事業承継策としての人材育成

◆―――職人気質がある図書館屋の時代

一九八七年に公共図書館員になったころ、すでにコンピューターシステムで図書館を運営しているところは多数あったが、私の所属先はまだブックカードと貸出袋を使った手作業で貸出をおこない、目録は職員が分類し、目録カードにはペンにインクをつけて手書きで記入、書き上がったカードを配列するなど、一連のテクニカルサービス（整理業務）も手作業が当たり前だった。

当時はより多くの予約資料を記憶して確実に捕捉する職員が、その高いスキルをもって発言力を有したし、バックヤードでは、より的確な分類付与をして邦文タイプのように美しい目録記入を施す職員が、図書館サービスの基盤を支える立ち位置を占めていた。

しかし、コンピューターシステムが導入されて、事態は一変した。先輩方が組合でも熱弁を振るっていた司書の専門性の多くは、業者が作成する電子目録（ＭＡＲＣ）とコンピューターに取って代わってしまった。それを使って何をするのかを問うていた人と、「熟練＝専門性」でしかなかった人との、図書館員としての仕事の行方が残酷なほど明暗を分けた。

いわゆる図書館のテクニカルサービスの民間委託を称揚するつもりはない。外部化によって品質の低下を招いた部分もなくはない。いかに適切に分類し正確な目録を作成するかは、図書館情報学の技術としてきわめて重要である。ただし、図書館目録が電子化され、これがネットワーク利用できるという状況では、図書館ごとに目録を作成する意義は相対的に低下する。むしろ、精度が高い目録をしかるべき機関（わが国では国会図書館）が作成して全国の図書館が活用することで、整理業務の効率化や経費削減を図ることが最良で、すでにそのサービスはわが国でも始まっている。(9)

ただ一方で、振り返れば、一九八〇年代の図書館員の口から政策が語られることは少なかった。いかに貸出利用を伸ばすか、そのためにどのような資料を選択するか、すべてはそこに収斂されていた。

◆――「基本に忠実な図書館」「貸出を重視したサービス」とは？

一九九〇年代の後半に、滋賀県旧・永源寺町の図書館整備の準備段階から仕事をする機会があった。図書館業界ではよく知られているように、滋賀県は八〇年以前、県民一人あたりの貸出冊数が全国で沖縄県に次いで下位に甘んじていた。

武村正義県政になって、一九八〇年に東京都日野市から前川恒雄を県立図書館長として迎え、滋賀県図書館振興策を推進した。延べ床面積や収蔵冊数など、一定の基準を満たした図書館整備計画を策定した自治体には、建設補助金や図書購入補助金などの誘導策を用いて財政的な後押しをしたことで、滋賀県内の図書館未設置自治体に次々と図書館が設置されていった。二〇〇二年には、県民一人あたりの貸出冊数が初めて全国一位となり、滋賀県内の公共図書館は二十年あまりという短期間で飛躍的な発展を遂げた。

図書館がない自治体がほとんどという状況のなかで、新設図書館整備の鍵を握るのは、準備にあたる司書の力量である。前川は、やがては館長となる図書館準備室長を全国に求め、力がある専門職を県内の自治体に紹介した。北は北海道から南は福岡まで、全国からベテラン司書が滋賀に赴任し、まさに人生を賭けて新しい図書館づくりに尽力したのだった。

好景気が続く時代の後押しもあって、また滋賀県図書館振興策の綿密な設計と前川のリーダーシップもあって、県内自治体は競うように図書館整備を進めていった。

県立図書館が県内自治体図書館に徹底しておこなったサービスが協力貸出である。二〇〇〇年代に滋賀で仕事を始めたときにも、耳にしたのは「市町村が買いたくない資料を県立図書館は責任をもって提供する」というものだった。つまり、高価でかつ利用頻度がそれほど望めないリクエスト資料を手当てするだけでなく、市町村が蔵書に加えたくないと考えるジャンルや通俗的な資料についても、県立図書館は購入して市町村に提供するという宣言である。

一九七〇年の『市民の図書館』が目指すものを重視し、「基本に忠実な図書館」を目指していたのが滋賀県内の図書館であり、それは現在も変わりはないと思われる。

しかし、「基本に忠実な図書館」とは何かという問いに対しては、「貸出を重視した図書館」という答えを除き残念ながら聞こえてこない。

つまり、「貸出を重視する図書館」によってどのような図書館政策の成果を得るのか、という問い自体が、滋賀県の図書館人からは、一部の例外を除いて出てこなかった。

さて、図書館がないまちに新たな図書館を作るべく、県外から滋賀県に赴任した準備室長たちは奮闘した。新たな図書館を作るために、各自治体のそれぞれの事情に沿いながら、少しでも理想の図書館整備を実現するために、準備室長は様々な闘いを強いられることになる。

まずは、首長、教育長の理解が必要である。補助金を得るための基準は、この程度は最低でも満たしておくことが必要とされるレベルである。全国の活発な活動を牽引してきた優秀な司書である準備室長は、人口に見合った規模の面積や蔵書、そして職員を確保するためにあともう少し頑張ろうと、必死の攻防を展開していたのである。

首長、教育長の理解を得た後は、議会である。同時に一般行政職員が味方になってくれることも、成功のための小さくない要素である。そして何より、地域住民に、図書館整備に血税を投じることの意義と価値を理解してもらう必要がある。

このような激務と並行して、経験が浅い新任職員の育成も図っていかなければならない。

当時、滋賀県で仕事をしていた経験から、この人材育成に成功している自治体はきわめて少数だったということができる。準備室長も、見知らぬまちでの初めての開設準備で、限られた時間で結果を出さなければならず、職員には、その事業遂行のためにいかに効果的に仕事をしてもらうかが一義的なマネジメントになる。そこに、主体性や自主性の育成、政策立案の分担というような余裕はなかったものと思われる。これは致し方ないことだろう。

しかし、時は流れ、創設に関わった館長が退職していくときに、次を担える職員が育っていなかった。世代的に管理職になれない年齢層の職員ももちろんいて、数年ののちに引き継ぐという流れも期待したが、これも一部を除いて、そのような継承はなされなかった。

二代目館長をもう一度外部招聘することは、仕方がないことかもしれない。しかし、三代目の館長も外部招聘に頼るというのは、その自治体で専門職がマネージャーとして育っていない証左でしかない。

一九八〇年代に、あれだけの図書館振興策を施して飛躍的な発展を遂げた滋賀県の図書館だが、現在は専門職館長が激減し、事業承継という面では残念な状況になっている。

図書館長が司書でなくてはならない規定はすでにない。また、活発な活動を展開している図書館が必ずしも専門職館長であるということはなく、マネジメント力があれば、司書という資格は必須ではないのかもしれない。

しかし、滋賀県の現在の状況を見るに、明らかに活気がない。いわば過去の遺産を頼りに、惰性で一定の利用状況を維持しているようにしか見えない。それは、自治体内での図書館政策の優位性を確保できていないこと、図書館活動の弱体化、そして図書館政策の不在がもたらしているように見える。

そうした、外部からは停滞に見える要因の底流に、「基本に忠実な図書館」というスローガンと、その活動論として定置されている「貸出を重視したサービス」があると感じている。資料の貸出を伸ばそうとすること自体は否定しない。ただ、その宣言に拘泥して、そこからどこにも行かないのであれば、あるいはその実現によって何をなすのかを問わなければ、変わりゆく人々の価値観や時代の変化のなかで、図書館という施策が成長する契機を失うのではないだろうか。

そうはいうものの、滋賀県の図書館は現在も全国的に見れば高い貸出利用率を誇っている。それだけに、個々の図書館員には、さらなる成長への動機付けは低いのかもしれない。しかし、図書館が扱うコンテンツや図書館機能の多様化、あるいは司書の役割の質的変化が要請される近未来において、「基本に忠実な図書館」というロールモデルだけで耐えられるだろうか。

◆――新しい局面のなかで、人は育つ

営業を継続している図書館での人材育成は、実務的な部分はほぼOJT（オン・ザ・ジョブ・トレーニング）でなされるだろう。もちろん簡単なマニュアルは提供されるが、習うより慣れろという

側面が強い。

一方で、熟した図書館であればあるほど、図書館を取り巻く環境の変化にいかに適応していくかという図書館計画あるいは政策の重要度が高まる。そのためには、優れた図書館の活動や経営理念に学んだり、図書館以外のセクターの経営論や政策理念を学ぶことも求められる。

ここ数年の図書館への期待は、地域活性化、まちづくり、にぎわい創出など、自治体政策の大きな文脈のなかで語られることが多くなった。そのことの是非や内実の可否についてはいろいろと意見があるだろう。ただ、現実としては、図書館が資料の貸出だけを地味にコツコツやっていれば、つつがなく仕事として認められる時代ではないことはしっかりと自覚しておきたい。

インドの図書館学者であるランガナタンは、「図書館は成長する有機体である」[10]という名言を残している。人間が「考える葦」であるならば、その自立を支える図書館が、自らの存在について常に問い続けなければならないことは自明のことだ。

新しく図書館を整備するという契機は、まさに人が育つきっかけを無数に提供できるタイミングである。基本的な理念を職員に理解してもらえれば、その価値や意義を求心力として、事業の手法やプロセスは多様であっていい。館長の経験はあくまで過去の時点の成功例（あるいは失敗例）で、それが若いスタッフがいま向き合っている課題にフィットする方法論とはかぎらない。参考になる材料（経験）は与えながらも、基本的には仕事は任せることで職員の成長はより促されるだろう。

管理職自身が、まだ経験したことがない業務だからと自分が抱え込むことも、決して合理的な判断ではない。未経験という状況から見れば、部下も管理職も同じ位置にいる。そこを責任感というナイーブな判断で進めると、事業の成否以前に職員の成長の機会を奪うことにもなってしまう。新たな局面に遭遇し、図書館サービスが適応を迫られたなら、適材適所に担当者を選考し、その成功のための環境整備をおこなうのが、マネージャーの仕事である。

任された担当者は、経験ずみのスキルや未実施のアイデアを総動員して、新たな業務課題にモチベーションが上がるかもしれない。新たなチャレンジが要請されるという契機があってはじめて、その人材のポテンシャルが試される。それは、そのスタッフの潜在能力が発揮される貴重なきっかけなのである。

だから、新しい曲面でこそマネージャーは、積極的にスタッフに仕事を任せるべきである。失敗を恐れて、無難に自分ができる範囲でお茶を濁すということが、どれだけ組織の前進を阻むことになるか、指導的な立場にいる人間は肝に銘じておかなければならない。

そして、もっと重要なことは、図書館は時代と並走しながら連綿と続く事業であり、これを引き継ぐ人間を育てなければ、それまで積み上げてきた事業は途絶してしまうという現実を認識することだろう。

職員に新しい仕事を任せないということは、事業承継においては致命的な判断ミスとなる。なぜなら、現在の管理者がある時点で引き継げるのは、そこまでの仕事の実務内容や判断基準であり、これからやってくる未確定な事態への対応ではないからだ。

新たな局面で事業をクリエイトする経験は、アイデアの構想力や実務のハンドリング力を高めるだけではない。行き詰まったときや停滞したときに、その事態を打開する思考方法の引き出しや、事業をやり抜くメンタリティーの成長をも、同時に促してくれる。

瀬戸内市の図書館整備では、基本計画策定などの開設準備業務以外に、これまで停滞していた図書館サービスのレベルアップも同時に推進していった。本章第1節で紹介した市内全保育園、幼稚園への巡回サービスは、園長会でのお願い以外は、すべて当時唯一在籍していた正規職員司書に全面的に任せた。これが軌道に乗り好評を得たことは、この職員の大きな自信につながった。

また、本章第2節で紹介した「としょかん未来ミーティング」のファシリテーションも、準備室スタッフで順番に担当した。さらには、瀬戸内市民図書館の大きな特徴の一つである地域郷土資料の展示計画は、準備室に兼務で異動してもらった学芸員に全面的に任せた。

ただし、ただ丸投げにして任せればいいというのではない。新たな事業の企画・実施に即して発生する課題をいくつか想定しておき、職員の仕事を観察しながら課題が生じていないか常に状況の把握はしておかなければならない。そのうえで、積極的放任によって事態の推移を見守る場合もあれば、消極的介入のスタンスで最低限の示唆を与え、事態の改善をサポートするという、きめ細かなケアが必要である。

そうした観察があってはじめて、その職員の努力がどのようなものだったか、結果だけでなくプロセスも評価できることになる。

図書館に限ったことではないだろうが、特に時代状況にフィットすることが求められる人的サービス機関にとって、変化に対応する思考方法やメンタリティー、そして他者との相互理解を前提としたコミュニケーション力の育成が大きなテーマになるだろう。

4——「もみわ広場」というコミュニティー

◆——当事者意識《オーナーシップ》に支えられる図書館

現在、公共図書館は様々な課題を抱えている。とりわけ自治体財政の逼迫による図書館費の削減は深刻である。そうしたなか、サービスの向上と効率化を名目に図書館の民間委託が進展している。しかし、公共図書館という施策によって、どのような政策課題が解決あるいは達成されたのか、公共政策的観点からの議論や評価は十分でない。端的に言えば、公立直営の図書館では人事の流動性が阻害され高コスト体質を脱せないが、委託すれば人件費を中心にコスト削減が図れ、開館時間の延長も図れるという表層的な議論が目立っている。

しかし、民営化すれば無条件にサービスが向上するといったことは神話にすぎず、同様に公立直営の図書館経営であれば事業の継続性と発展性が担保されるということもいまや説得力がない。両者の運営方法を評価するときによく考えなくてはならないことは、図書館施策が教育や文化、福祉など、住民や自治体の課題に継続的かつ時代即応的に応えられているかどうかである。

公立直営の図書館については、一九七〇年代以降の図書館施策とその展開が、現代社会の住民や自治体の要請に応えられたかが問われなくてはならない。また、二〇〇〇年代に始まる構造改革路線による民間活力を生かした運営にシフトしたと言われる図書館が、効率性だけでなく、どれほど公共政策としての便益をもたらしているのか、継続性・発展性も含めて評価されなくてはならない。

今後の図書館政策を考えるとき、私は両者に共通した評価軸として、住民が当事者として図書館政策に関わっていける経営基盤をいかに作り出せるかということを掲げたい。

わが国は二〇一一年三月十一日の東日本大震災の経験から、私たち一人ひとりの人間が、家族との絆を育み、地域の結び付きのなかで生きていくことの大切さを学んだのではないかと私は考えている。

貨幣による価値の交換、納税による公共サービスの受益という関係性を超えて、自分や地域をより豊かにする仕組みづくりに、住民自身が当事者意識をもって関わっていくことがいま求められているのではないか。そうした政策プロセスを踏むための行政と住民の関係づくりを実現できる経営体制が、優れた図書館の管理運営形態ではないかと考えている。

こうした観点から、資料提供というサービスのあり方も、図書館法が期待する「国民の教育と文化の発展に寄与する」ものとして再考されなくてはならないだろう。もっと言えば、一九七〇年に刊行された『市民の図書館』をいま一度正確に読み直すことが必要だ。

> 公共図書館は、住民が住民自身のために、住民自身が維持している機関であるから、資料を求める住民すべてのために無料でサービスし、住民によってそのサービスが評価されなければならない。
>
> 公共図書館は、資料に対する要求にこたえるだけでなく、資料に対する要求をたかめ、ひろ

めるために活動する。[11]

現在の公立直営の図書館が、はたして「要求をたかめ、ひろめる」活動を通して、住民の「教育と文化の発展に寄与」しているだろうか。あるいは、民営化によって開館時間が長くなったことが、もしくは最新のＩＴ機器を導入したサービスが、当該住民にとってどのような施策効果があるのか。その資源配分によって実施できなくなったサービスで、不満を抱いている住民はいないのか。住民による冷静かつ正確な評価が求められる。

瀬戸内市は、教育や福祉施策でのいくつかの事業で指定管理者制度を導入している。しかし、武久市長は、図書館については効果的でないとして直営を選択した。その理由を、事業の継続性の確保とともに、住民との信頼関係、行政内での信頼関係の確保をあげている。

契約による指定管理者制度は、報告書というチェックを求める点で「性悪説」を基本にしているが、図書館は、住民のための知的・文化的環境を住民との協働で育てていくものだから、チェックを前提としない「性善説」の考え方でそのあり方を提起したいというのが武久市長の思想である。[12]

市内のおはなしボランティアのゆるやかなネットワークである「パトリシアねっとわーく」のみなさんが、図書館整備の資金集めのためにとオリジナルステッカーを製作して寄付集めに奔走した。図書館整備には賛成でも、財政負担を懸念する市議会からは、その規模をめぐって慎重な議論が出ていた。こうした議論を踏まえて、市民としてできることをできる範囲でやろうと立ち上がった。

検討段階で「持ち寄り・見つけ・分け合う」ということに主眼を置いて市民参加をお願いしてき

たわけだが、図書館に期待を寄せる市民自身が、その「持ち寄り・見つけ・分け合う」を実践してくれている。

その姿を見て、図書館が市民にとって誇りになるような、市民自身が参加して育てていけるような「広場」にしたいと痛感したのだった。

◆──市民提案、行政連携による図書館コミュニティーへ

瀬戸内市民図書館の開館後、子どもからお年寄りまで、また、世代的に比較的足が遠のく中・高生や大学生も含め、一日平均七百人が図書館を訪れている。飲食ができるカフェスペースや、中・高生がグループ学習に使える「チャットルーム」、人形劇が上演できる多目的ホールや、全館Wi-Fi完備、タブレット端末の貸出など、取り入れられる意見はできるだけ実現した。図書館のごく近くに県立高校があることから、大学での学びに関心をもってもらおうと放送大学のテキストを全点そろえている。放送大学はシニアの学生も多く、生涯学習の観点からも重視していて、集中して授業を視聴できるよう専用ブースも設けている。

開館後しばらくすると、ワークショップに参加した市民からは、図書館での様々な催しの企画が持ち込まれるようになった。植栽帯の草引きや芝生広場の散水や芝刈りを手伝ってくれる市民も現れた。隣の中央公民館の山野草クラブのみなさんが、館内のテーブルに緑をと、定期的に山野草を飾ってくれるようにもなった。図書館に集う市民が、まさに「持ち寄り」の気持ちで図書館と関わっていることを実感する。これは、整備プロセスに市民が参加することによって、ある種の当事者

意識、オーナーシップを抱いてくれたからではないかと感じている。自分たちが意見を出し合って作った、自分たちの図書館なのだと。

そうするうちに、図書館友の会を立ち上げてはどうかという意見が出て、もみわフレンズという市民有志の組織が立ち上がった。二〇一七年の一周年記念・もみわ祭は、友の会のみなさんと協働事業として開催した。また、市民課の人権啓発事業、企画課の定住移住施策、地域包括支援センターの認知症対策、病院事業部が進める健康医療情報施策について、図書館を会場にした講座やセミナー、関連資料の展示・貸出という連携事業が進んでいる。図書館は、情報提供というアプローチで、市民や地域の多様な課題に関わることができる。こうした事業が展開される図書館が生み出す「エートス」(13)のなかで、市民の主体性・公共性がより醸成されることによって、地域の活性化というエンパワーメントが生じるのではないだろうか。

市民が主体的・自主的に集い、個々人の発想をそうした自由なつながりのなかでシェアし、図書館の事業として実現していくというダイナミズムは、特定のプロパーが企画して提供するイベントでもなく、一部の愛好家で組織する団体が慣例でおこなう行事とも異なる。図書館は、地縁や社会的属性とはかかわりなく、共通の興味や問題意識でつながった人々によるコミュニティーが、多様な文化的事業を生み出している「第三の場」と呼んでもいい場所かもしれない。

図1は、新瀬戸内市立図書館整備実施計画で考案された、図書館をフィールドにした市民による知の循環をイメージしたものである。図書館で提供される「インプット」によって、市民は様々な学びや気づきを得るとともに、それは市民一人の気づきだけでなく、他の利用者の学びをもシェア

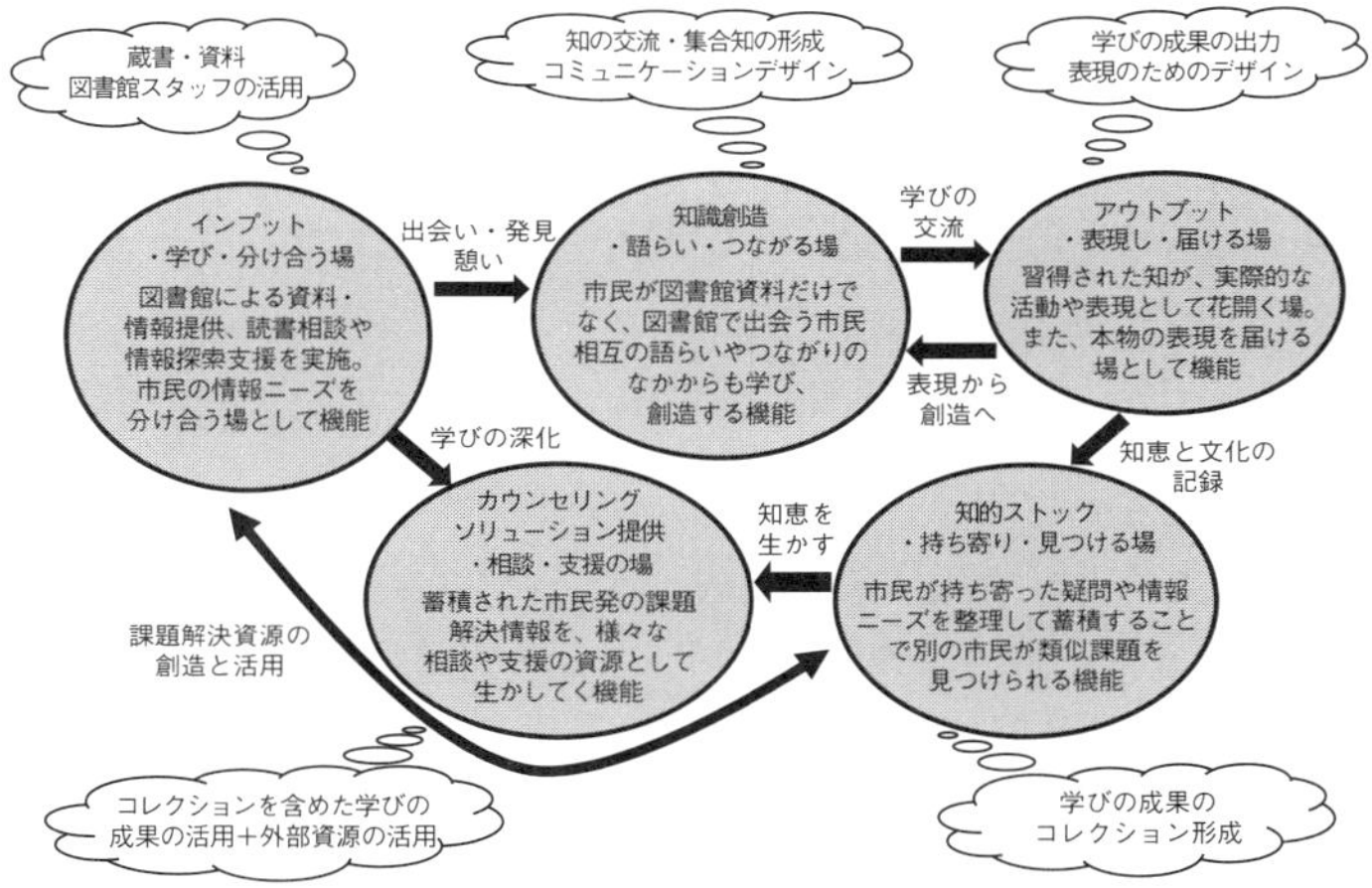

図1　基本的な機能構造
(出典：瀬戸内市教育委員会「瀬戸内市としょかん未来プラン——サービス計画・郷土学習機能計画」2013年〔https://lib.city.setouchi.lg.jp/setouchi_lib/miraiplan2013.pdf〕［2019年5月5日アクセス］)

できる空間としての図書館をイメージしている。次の「知識創造」のフェイズでは、そうした学びを素材に市民相互の語らいを基調としたつながる場としての図書館を描いている。さらに「アウトプット」では、市民がそれぞれの知識創造の成果を表現する場として機能することを目指している。やがてそのような表現は、「知的ストック」として図書館に集積され、最終的には「カウンセリング・ソリューション提供」のための資源として活用され、これが「インプット」として図書館の学びの素材に循環していくという構図である。

　このような「知の循環」をイメージした瀬戸内市民図書館もみわ広場というコミュニティーで繰り広げられる市民の活動を、今後も見守っていきたい。

◆――なぜ、図書館なのか

最近、「にぎわい創出」「地域活性化」という惹句とともに、これからの図書館の姿が喧伝されている。しかし、単に住民が集い、イベントなどを通じて交流が生まれ、地域コミュニティーを元気にするというのであれば、図書館でなくてもかまわないのではないだろうか。人々は、あるいは自治体関係者は、図書館に何を求めているのだろうか。

最近話題の図書館の動向を伝える報道のキーワードは、「来館者数」である。いかに多くの市民がその場を訪れたかによって、「にぎわい」や「活性化」の政策目標が評価されている。

しかし、図書館は教育基本法と社会教育法の精神に基づいた図書館法によって規定された教育文化施設である。そこでは、図書館法が目的として掲げる「国民の教育と文化の発展」に寄与する施策が中心になって取り組まれ、そうした観点での評価がなされるのが本来のあるべき姿である。それは、計量化できるものであれば、貸出冊数や予約・リクエスト数であり、調査相談件数やデータベース利用者数、資料複写件数などである。また、利用者満足度調査などで、「得たい知識が得られた」「暮らしや仕事の課題が解決できた」などの回答がどの程度の高い支持を占めるかである。

しかし、そうした基本に沿って運営してきた図書館よりも、ファッショナブルなデザインをまとい、カフェや書店も複合したスタイリッシュな図書館のほうが、多くの市民の来館を生むことになった。そして、目標を上回る来館者数は、教育文化施設としての評価を飛び越えて、多くの市民の支持を得た施策の成功として物語られるのである。

しかし、そこに、図書館と称するにふさわしい「物語」は存在しているのだろうか。そこに求められているのは、図書館を利用して「知的欲求を満たす」とか「人生の意味を探る」といった〝体験〟ではなく、「知的欲求が満たされる場にいる自分」という意味や記号の〝消費〟なのではないだろうか。(14)

図書館が雰囲気を味わうものとしても親しまれることは、むしろ歓迎すべきことでもあるだろう。しかし、サービス提供サイドが、こうした「コト消費」に照準を合わせて施設計画や運営をしてしまうと、本来的な図書館の目的や機能が阻害されてしまう。そのことは、避けなければならない。

◆コラム◆ **寄付金に込められた思い**

新瀬戸内市立図書館の建築が完成し、中央公民館に間借りしていた開設準備室を引っ越すことになった。連日、調達していた備品類や書籍が搬入され、いよいよ図書館のオープンに向けた準備が大詰めを迎えた。

その初日のことだった。初老の男性が中央公民館を訪ねてきて、新しい図書館には入れるかと聞く。たまたまその場にいた私がまだ準備中であることを伝え自分が担当者だと伝えると、寄付を渡すために来たという。おずおずと差し出された金封には金十万円とあり、匿名でお願いしたいとすぐにその場を後にしようとされた。慌てて引き留めて、内部の記録に留めるからと、お名前と連絡先をようよう聞き取った。

同封されていた手紙には陶器製の豚の貯金箱の写真が添えられていて、次のような言葉がしたためられていた。

「家族で始めたコイン貯金で、新図書館に本をたくさん置いていただこうと思って、貯めました」

その方のお住いの地域は三つあるどの図書館からも遠く、保育園や高齢者施設には移動図書館車を巡回させているものの、一般を対象とした図書館サービスは空白地帯だった。診療所や市役所出張所への巡回も検討したが、昼間人口が少ないという情報もあって実施には至らず、気になっていた地域だった。

「新しい図書館のことなんか、関心をもっている人はいない」。そんな声も聞いていた。それだけに、「○○地区住民有志」と書かれたこの寄付金は心に刺さった。こうして期待してくれている市民がいる瀬戸内市のために、どんなにつらいことがあってもなすべきことをひたむきに頑張ろう、そんな勇気をもらう出来事が建物の引き渡し後の最初の日にあったことを、私たちは忘れないだろう。

このご家族がどんな思いでこの貯金を日々続けてくれたのか、わからない。希望的観測としては、この地区の保育園にも毎月移動図書館で貸出とおはなし会のサービスをしていたので、自宅に持ち帰る絵本を通して図書館を身近に感じていたのかもしれない。あるいは、ご家族のどなたかが、高齢者施設での大活字本や録音図書の貸出、昔話の語りを楽しんでくれて、図書館のより豊かな発展を望んだのかもしれない。

図書館はただの建物ではない。そのまちにあって、人々の夢や希望の実現あるいは困難や課題の解決を、本という情報源とこれを案内する司書という資源を通して手助けする教育文化機関である。さらにそれは、市内の各所にある施設と移動図書館などで構成するネットワークによって実現されるシステムである。

そして、人々が図書館で得るものは物理的な本の貸出だけではない。人々が生き生きと人生を生きるための知識や知恵、そして潤いをもたらす場でなくてはならない。

その手紙には、最後にこうつづられていた。

「図書館は、本を見るところではなく、一日中、楽しく過ごす場であることを、大切に考えたいものです」

文末に、この男性の心遣いを感じた。要望でも押し付けでもなく、自分の心にある望みを図書館と一緒に大切にしたい、そんな思いを感じ取った。私なりに解釈すれば、大切なことは、図書館で賢くなること以上に、一人の人間がその人らしく、いい時間を過ごせるような図書館運営なのだ、そんなメッセージだったと思う。

人間らしさの発見と獲得、そしてその成長のために、図書館があることを肝に銘じたい。

注

(1)岡山県立図書館「岡山県内公共図書館調査」(http://www.libnet.pref.okayama.jp/libnet/koukyou/)[二〇一九年八月三十一日アクセス]

(2)武久顕也「まちづくり、人づくりの拠点にしたい 私が新瀬戸内市立図書館を公設公営にした理由」「出版ニュース」二〇一五年四月中旬号、出版ニュース社、四―九ページ、瀬戸内市「としょかん未来ミーティング 瀬戸内市」(https://lib.city.setouchi.lg.jp/setouchi_lib/index.html)[二〇一九年八月三十一日アクセス]

(3)同ウェブサイト

(4)化学、相性を意味する。一般的な用例としては、人と人の相性によって生じる関係性を「化学反応」という現象として表現する。

(5)瀬戸内市民図書館「瀬戸内市民図書館もみわ広場」(http://lib.city.setouchi.lg.jp)[二〇一八年十月十日アクセス]

(6)瀬戸内市の図書館整備計画は、二〇一三年四月「新瀬戸内市立図書館整備実施計画」を策定して一応の完了を迎える。「七つの指針」についての詳しい内容は、瀬戸内市教育委員会「瀬戸内市としょかん未来プラン――サービス計画・郷土学習機能計画」(〔https://lib.city.setouchi.lg.jp/setouchi_lib/miraiplan2013.pdf〕[二〇一八年十二月十五日アクセス])を参照されたい。

(7)「公共図書館員のタマシイ塾」は、図書館員の自主的な学習組織で二〇〇九年に発足。課題解決に資する図書館のあり方やその経営について、様々な分野から講師を招いて開催してきた。現在は活動が休止状態になっている(「公共図書館員のタマシイ塾【お知らせ版】」〔https://www.facebook.com/tamashiijuku/〕[二〇一八年十二月十五日アクセス])。

（8）学内討論会のこと。広く、学習会などで参加者が相互に討論をおこなう活動を指す。
（9）国立国会図書館は網羅的に収集した国内出版物の標準的な書誌情報として、「全国書誌データ提供」（[http://www.ndl.go.jp/jp/data/data_service/jnb/index.html]［二〇一八年十二月十五日アクセス］）を提供している。書店で一般に購入できる書籍などの納入率は九五パーセント以上で、官庁出版物や地方自治体出版物など一般に流通しにくいものも多く含まれている。刊行された出版物が国立国会図書館に届いてから、おおむね四日後に新着書誌情報として提供し、一カ月程度で完成した書誌情報を提供している。公共図書館、学校図書館であれば無償で利用できる。
（10）竹内悊『図書館の歩む道――ランガナタン博士の五法則に学ぶ』（ＪＬＡ図書館実践シリーズ）、日本図書館協会、二〇一〇年、二四五ページ
（11）前掲『市民の図書館』一〇ページ
（12）二〇一二年十一月二十日（火）に開催された、第十四回図書館総合展、フォーラム「首長が語る地方行政の現状と図書館への期待――名取市、小布施町、瀬戸内市の取り組みに学ぶ」（[https://www.libraryfair.jp/news/3505]［二〇一三年六月一日アクセス］）での武久市長の発言。
（13）社会精神、民族精神、人間社会の気風・習慣を形成する原点となる精神。
（14）國分功一郎は前掲『民主主義を直感するために』のなかで、「浪費」と「消費」を対比させて、現在の資本主義が終わりのない「消費」を促していることを指摘している。

第4章　図書館とまち育て

1——地方分権から市民自治へ

一九八〇年代の公共図書館界には、「まちづくりに役立つ図書館」というスローガンが登場した。(1)市民が図書館で得た知識や情報をもとに、生き生きとした暮らしを実現させ、そこで自立した市民がよりよい地域社会の担い手になっていく、そのようなイメージがあった。

しかし、当時の公共図書館は、来館する利用者の顕在化したニーズに合わせて資料提供をおこなうことが至上命題として位置付けられていて、潜在的な利用者を発掘するための選書や蔵書構成を十分に意識していたとは言えない。

さて、「まちづくり」とわざわざ明示するのは、そこにあるべき「まち」が実現していない、という意識の裏返しにほかならない。必ずしも計画的に作られてこなかった、あるいは民意が十分に反映されてこなかった現下の「まち」を、そこに住む誰もが生き生きと、そして誇らしく暮らせる魅力的な「まち」として編み直そうという理想が、「まちづくり」という言葉の底流にあるのではないだろうか。

さて、本書のタイトルと本章には、「まち育て」(2)という表現を用いた。「まち」というものは、当然その地域のなかで歴史を積み重ねてきていて、そこに文化が根付いている。その現実が、いまを生きる人々にとって好ましいものか否かにかかわらず、その時間と営みには、一定の敬意が払われるべきだ。そう考えるとき、「まちづくり」という語感に不遜さを感じてしまうのである。これまでの歩みのうえに立って、これからの営みをどのように重ねていくかについて考えるとき、それは「育む」という意味がふさわしいと思う。

そこで、本書のテーマの一つである「地域の展望」を「まち育て」と表現した。そうした視点で、本章をつづっていきたい。

◆——市町村合併は地方自治を変えたか

二〇〇〇年四月に施行された地方自治法の改正を中心とするいわゆる地方分権一括法は、その後の日本の地域政策のあり方を大きく転換させた。これまでのような中央政府の画一的な政策では現代の複雑化・多様化する地域課題に対応することは難しいという視点から、地方分権の動きが始まった。

地方分権の象徴とされるのは権限委譲と規制緩和であり、国あるいは都道府県の主要政策手段だった規制を緩和し、基礎自治体としての市町村の裁量範囲を広げることによって、地方の自主的・主体的な行政運営の展開を期待するものだった。基礎自治体としての市町村に様々な権限が委譲される方向性を示したことで、今度は自治体の行・財政能力が権限に見合ったものであるのかについて議論されるようになった。

「平成の大合併」は、中央政府からの様々な権限移譲にふさわしい基礎自治体の規模をどのように設定し再編するかが問われた、国家規模の大事業だった。しかしながら、地方の命運を左右する自治体合併が地方分権推進の方途とはいえ、「合併特例措置」[3]など様々な誘導政策のもと、政府主導で進められた矛盾は否定しがたい。事実、合併の是非をめぐっての首長選挙や住民投票[4]などが実施され、合併を拒否する民意が認められる出来事もあった[5]。

地方分権での基礎自治体の規模が、どのような要素や事情を考慮したうえで決められるべきか、住民を巻き込んだ議論は十分にはなされず、国の意向を受けた県の「合併パターン」をモデルにしながら、各自治体が様々な利害関係の調整を図りつつ合併を推進してきたというのが、当時行政にいた当事者としての率直な感想である。

しかし、そのことは同時に、住民の自治への関心を高める契機ともなった。自らが住むまちの名称の変更や様々な行政サービスの変革を余儀なくする合併という政策をどう捉えるべきか、前述したように住民投票条例の提起や首長、議会選挙の争点としてその反応は展開した。

だが残念ながら、その議論が十分に尽くされるには限界があった。合併特例法による財政的な特典が時限立法による期限付きのものであり、各自治体はいわばゴールを目指しての予定調和的な「懇談会」を重ね、住民も半ば諦めムードのなか、合併を容認する状況にならざるをえなかった。

地方分権を推進するうえで自治体合併という政策は、地域レベルでの「民主主義」を成熟させ、地方自治の新たな展開の機会とすべきだったが、はたしてそのような取り組みは十分なされただろうか。国際的な経済状況での日本の現在位置や政治的な課題、中央と地方との関係性などを認識しながら、これからの地方のあり方について住民を巻き込んだ議論を展開していくうえで、自治体合併がどのような意味で有効な手段となりうるのか。このようなマクロな視点の議論を、行政や議会が十分に展開できなかったのではないか。

合併をめぐる国と地方の関係性は、地方自治体が抱える構造的な問題として現在も置き去りにされたままである。その原因は、いわゆる「護送船団型」の地方自治の特徴を、そのまま「合併」という重大な政策実施についても引き継いでしまったことに尽きる。

前鳥取県知事の片山善博はこれまでの地方自治のあり方を「政策選択や意思決定の重要な部分を国に委ね、精神的には国に絡めとられていた」[6]と指摘している。そのうえで片山は、地方自治の神髄とは、住民の身近な現場で生じた問題や課題をその現場に最もふさわしいやり方で、しかも住民の納得を得られる方法で解決することであり、「法律や制度を改正しなければ実施できないことがあるならば、ためらうことなく国に改善を要請する」[7]ことが必要だと語っている。

現在の地方自治での諸問題が、すべて自治体の責に帰すべきものではない。自治体合併をめぐる問題点によって明らかになったように、地方政府のあり方を決定付ける中央政府と地方との関係性が大きな課題である。

片山はこの関係性の問題点として、「地方分権とは、巷間言われているような権限委譲や規制緩和のみを指すのではなく、現場と地方自治体、さらに中央政府との間の情報伝達や政策形成過程のベクトルを転換させることであり、それを自ら意識しながら実践すること」[8]としている。誠に残念なことに、各省庁による「通達」が廃止されてからもなお、「通知」と称していまだに地方への様々な注文が続いている。いちばん切実かつ話題になったものとして、「集中改革プラン」[9]の提出要請がある。総務省が期限を切って各自治体に財政改革の集中プログラムを提出することを迫ったものだが、全国の自治体はこの課題に粛々と取り組んだ。

地方分権の制度的な仕組みは不十分ながらも整いつつあるが、はたして肝心の自治体職員あるいは議会をはじめとする住民の意識は分権の意義をどこまで理解し意識しているだろうか。

しかしその議会も、住民の真意を伝える役割を果たしているか、大いに疑問である。現在の地方議会議員の職業別構成比は、農業、建設業、小売業などの職業比率が高い一方、給与所得者の比率が低い。わが国の地方税の相当部分はサラリーマン、すなわち給与所得者によって支えられているが、現在の地方議会の制度は「職業政治家」を要請していて、サラリーマンが自ら議員になろうとすると事実上いまの職業を放棄しなければならない[10]。

このような事情を見るとき、納税者の代表で構成されるべき地方議会の制度上の問題を指摘せざるをえない。給与所得者として生活を続けながら議会に参加できる制度上の改善を図らなければ、地方自治に民意が適切に反映されることは難しいだろう。また、前述のような制度上の問題以外にも、地方議会が形骸化しているのではないかという指摘もよく耳にする。例えば、地方議会は首長の政策承認機関としてしか機能しておらず、政策提案といった市政への参画がほとんどないのではないか、という指摘である。[11]

今川晃は、これまでのような行政と住民(自治会・町内会)の相互依存的な垂直関係を打開し、情報公開を基本にしながら住民参加を促し、利害関係の調整主体を住民の側に移した水平的関係を育てることが、参加・協働型の自治を推進するうえで重要だと述べている。[12]

◆――合併が突き付けた自治のあり方

地方分権によって様々な権限が移譲されたとしても、それを地域に合った形で適切に運用し、地域の発展と暮らしやすさにつなげなければ意味がない。そのためには行政のプロである地方公務員の政策形成能力や事務執行能力の向上は不可欠である。しかし、地方自治は行政職員だけによって担われるのではない。まちのリーダーとしての首長の存在は大きいし、その政策を支持するか否かを握るのは地方議会であり、首長や議員を選択するのは、ほかならぬ住民である。まずは、住民が自らの暮らしと子孫の未来を形作るまちの代表者を、賢くしっかりと選択することが重要なのである。

もちろん、首長や議員を選出することだけが住民の役割ではない。日本国憲法は、「国民の権利及び義務」としてその第二十七条に「すべて国民は、勤労の権利を有し、義務を負ふ」と規定しているが、私たち住民は、自らの家計や自己実現のための勤労以外に、地域の担い手としての責任も有している。

地方自治法第十条二項は、「住民は、法律の定めるところにより、その属する普通地方公共団体の役務の提供をひとしく受ける権利を有し、その負担を分任する義務を負う」としている。そして、地方自治の本旨に基づく制度は、「団体自治」と「住民自治」の二つの観念に立脚しながら、第一に住民の権利の拡充、第二に地方公共団体の自主性・自律性の強化を目指すべきものとしている。[13]

このことは、私たち住民が、地方自治体の構成員として統治を受けるとともに、その主権者として地方自治の組織運営に参加する権利を有することを意味する。つまり住民は、納税という義務によって行政サービスという権利を得るだけでなく、自主的・主体的な自治を実現するために、その運営に参画することが期待されているのである。

千葉県我孫子の元市長の福嶋浩彦は、「「自立した市民」と「市民のコントロールの下にある行政」の協働によってこそ、市民自治の地域づくりが可能[14]」と述べている。

自治体合併によって広域化が進むにつれて、周辺部地域の自治が衰退するのではないかという懸念があるなかで、地域自治組織の設置が注目された。政府は、第二十七次地方制度調査会「今後の地方自治制度のあり方に関する答申[15]」(二〇〇三年十一月十三日)のなかで、合併後、総じて規模が大きくなる基礎的自治体内で住民自治を強化する観点から、合併前の旧市町村の単位を基本として、基礎的自治体の事務のうち地域共同的な事務を処理するための地域自治組織を設けることを提唱している。

この答申では基礎自治体の要素として、地方分権改革が目指すべき分権型社会では住民自治の重視が重要だとし、住民やコミュニティー組織、ＮＰＯその他民間セクターとも協働し、相互に連携して新しい公共空間を形成していくことを目指すべきだとしている。また、住民に身近な基礎自治体の事務を処理する機能、住民の意向を反映させる機能、さらに行政と住民などが協働して担う地域づくりの場となる機能をもつことを期待して、この制度の実施をはたらきかけている。

◆――地域マネジメントとしての市民自治

「地域マネジメント」とは地域を経営することを意味する環境や条件に拘泥せず、新たな地域環境やコミュニティーの創造を含めた地域活性化のための積極的な取り組みを表す言葉としてこの言葉を用いたい。また、「市民自治」という言葉について定義しておきたい。地方自治には団体自治と住民自治という考え方があると先ほど述べたが、市民自治は、その語感から、住民の自主的・主体的な意思に基づく自律的な自治への参画がより強くイメージされる。

『社会学事典』[16]では松下圭一が、市民自治を国家統治の対極にある価値観念とし、社会イメージを国家統治から考えるか市民自治から発想するかによって、市民、自治体、国の位置付けはもちろん、制度・政策また理論構成が逆転するとしたうえで、一九六〇年代の都市型社会の成熟と市民運動の始動とともに、市民的人間型の設定に伴う市民→市町村→県→国という自治・分権型のイメージが、明治以来初めて成立したと解説している。

また、寄本勝美は『現代用語の基礎知識2004』[17]で、中央集権的・官治的な地方自治を排し、市民こそ地方自治の主権者であり、まちづくりや問題解決の主体になるべきだとしたうえで、市民自らが自治の主人公となり、自己の要求だけでなく、利害の調整や公共政策の選択において主体的な自己判断の力をつけていくことが必要だと述べている。

筆者は市民自治を次のように定義付けたい。「住民の生活圏の自治について、自治体に任せきるのではなく、様々な関係者との協力関係を築きながら、自主的・主体的にその政策立案や自治体運営に参画することによって進められる自治の形」。ここで「生活圏[18]」と表記したのは、住民登録している自治体の問題に限らず、通勤・通学途上での自治体の交通政策の問題や環境汚染を引き起こす企業活動に対して、近隣自治体に居住する「市民」として課題解決に臨むことなどを想定したことによる。

さてそれでは、平成の大合併によって自治体の再編を余儀なくされた住民は、これを「自治の危機」と捉えるべきだろうか。そして、自らが住む地域の利便性や安全性、居心地のよさや地域への愛着、誇りをどのようにして手にすればいいだろうか。

そこには、自分という存在を意識するアイデンティティーが存在するのと同様に、地域のアイデンティティーを描き、これを市民一人ひとりの力でマネジメントしていく、という思考が必要だと考える。そのためには、まず住民は、その地域について多くを知る必要がある。歴史や文化、景観や特産品を生む背景となる自然環境、産業や伝統工芸など、環境要因としてのテーマから、道路や上下水道などの生活問題、改善されるべき意思決定の仕組みなどの政治的課題まで、ひと言で言うならば、地域情報が不可欠である。

◆――まちづくりと地域情報

公共図書館では「地域資料」[19]という概念があり、郷土の歴史や文化に関する出版物や調査報告書、自治体が発行する地域行政資料などの文書類、または地域在住者が著述ないし発行した出版物、逐次刊行物などを指すが、ここで指摘する地域情報は、こうした印刷物だけでなく、活字にはなっていない地域の人的ネットワークに関する情報や自治区の課題、また自治体や企業、あるいは個人がインターネットサイトで発表している地域の話題など多様な情報を含む。

例えば、地域活性化の手段として、農村の景観や生産物を観光資源として生かしたいと地域住民が考えた場合、地域に在住するグリーンツーリズムや産地直売に関心がある住民の協力を得ることは企画を立てるうえで成果をもたらすと思われるが、通常そのような人的資源に関する情報は顕在化していない。このような場合に、例えば図書館が「グリーンツーリズムと農山村の活性化」というフォーラムを開催すれば、その主題に関心がある住民同士を結び付けることができる。次にその結び付きを農村整備課や商工観光課などの行政部門が継続的にコーディネートして協働の仕組みを構築するというモデルが考えられる。

こうした人的ネットワークの形成を含めた多様な情報のありようが、市民の自主的・主体的な意思に基づく新たな自治にとって非常に重要だと考える。

2——地域活性化と図書館

◆——生活者と地域

日常生活は、経済活動としての労働と、共同体活動としての家事労働や地域活動、そして個人的営みである学習活動や余暇などを中心に成立している。それは、自分が描いたとおりに進む場合もあれば、望むように進展しない場合もある。そのことを自分自身どう捉えられているかが、重要である。

不本意な結果に終わっても、そのことを客観的に捉えて善後策を検討し、方向性を正すなど、自分自身の思考の整理や感情の制御ができる精神活動のことを、ここでは主体的行動と呼ぶことにする。これは、思いどおりに事が運んでいるときも同様である。成功に過信せず、成果という自分の外部に存在する事象に惑わされることなく、状況の評価と判断を常に自分の思考としておこなえることが、主体的な振る舞いだろう。

非主体的な生き方とはどのようなものだろうか。それは、まず計画的な生活を営まないということに始まる。そして、望ましいあり方ということを志向せず、状況に流されるように生きる態度である。好ましくない生活や労働を見過ごしたり、気づかないふりをして考えることをせず、したがって行動を改善する契機ももたず、漫然と日々を過ごす。不本意な出来事は、社会や自分が置かれた環境にその原因を求める。

このように整理してみたが、実際にはこうした両極の生き方が存在するわけではない。主体的に生きようとする人も、ときに挫折し非主体的な日常に埋没するし、非主体的な仕事しかしない人でも、家庭や地域ではきわめて創造的で積極的な生活者であるという場合もあるだろう。そして、当然のことながら、個人の資質や努力ではどうにもできない社会構造的な要因が、私たちの主体性を蝕んでいるという背景もあるだろう。

そうした人間としての生き方を、図書館が情報提供、あるいはもう一歩踏み込んで問題提起といった活動をすることで人々の主体的な振る舞いをより進めることを支援できるのではないかと思う。例えば、健康増進を図る食事や生活習慣について書かれた図書をより住民の目に届きやすいように設置することで、行動の変化を促す可能性が出てくる。少なくとも、健康や医療に関する情報要求が高いことからも、生活者が潜在的にそうした情報ニーズをもっていることは想像できる。

相対的な思考法、俯瞰的な社会の見方というものを教えてくれる本も当然ある。問題は、そうした情報提供をする図書館員の側に、多様な思考や感情への理解をベースとした生活者支援と心の支援という社会教育的な、また社会福祉的な施策理解があるかどうかである。

例えば、「課題解決図書館は言葉遊びだ。そんな看板を上げても、貸出が伸びていないではないか」というような批判を展開する図書館人がいる。しかし、そうした主張から聞こえてくるのは「貸出冊数」の多寡だけである。

貸出が多ければ、それだけで個人の学びが豊かになる、と思うのはあまりにナイーブだと言わざるをえない。もちろん、資料の貸出がなければ、個人の学習環境の充実は図れない。しかし、そこには、当該自治体で、どのような分野の資料が、どんな年齢の住民にどの程度利用されたか、という質的な分析がなければならない。

住民の生活や職業の多様性と図書館の貸出資料の多様性が双方とも豊かでなければ、図書館資料が住民の学びや気づきに貢献したとは言えない。住民の知的関心や情念欲求は、趣味嗜好や家政学、あるいは文学だけで満たされるわけではない。

一人の生活者が自身の健康や生活をより健全なものにするために、主体的に向き合うという態度がなければ、家庭という最小単位の共同体の維持・向上は望むべくもない。ましてや、地域社会の活性化を支えるメンバーになりうる可能性はより期待できない。

当たり前のことだが、地域活性化を望むには、まずは個々人が健康で文化的な生活者として主体的に生きることを支えなければならない。それが図書館に求められる使命にとっての第一歩となる。

◆──地域を知るために

地域のなかで、当該自治体がどのような状況にあるのか。それを最も説得力をもって理解させてくれるのが客観的事実あるいはデータである。例えば、自分が住む自治体の財政状況は類似団体と比較していいのか悪いのか。そのほか、下水道の普及率、病院の病床数、交通事故件数、商業施設数、図書館数、指定文化財数、公園面積、高齢者福祉施設数、保育園数などである。

こうした状況が他の自治体と比べてどうなのかを量的にも質的にも住民が知るために、図書館は積極的にデータを提示すべきである。なかには「不都合な真実」もあるだろうが、現状の正しい認識がなければ、地域社会をよりよい状況に改善することはおぼつかない。

説明責任が問われるなか、行政は様々な情報を開示する傾向にあるが、そうした開示情報をよりわかりやすく理解してもらうためにも、比較検討資料も含めて図書館が多様な資料や情報で補足・充実させていくことが重要である。

東京都日野市立市政図書室は、日野市の行政資料や地域資料だけでなく、近隣自治体の資料も収集して市民や議員、行政職員が行・財政を比較検討できる環境を整備している。この仕事は、もっと評価されてよく、そして全国に普及すべきだった。他の自治体図書館が、こうした施策を展開できなかったところに、戦後の図書館振興、とりわけ『市民の図書館』を教科書とした図書館活動実践に欠陥があったと言わざるをえない。

貸出冊数をいかに伸ばすかという点に図書館資源の多くを費やし、地域行政資料を住民生活や行政活動に役立つように整備・提供してこなかったという事実は、一九八〇年代から図書館現場にいた者として自戒しながら批判したい。いまからでも遅くはない。自治体立図書館は、いまこそ地域行政資料をはじめとした地域社会を知るための様々な資料を他の一般図書などと組み合わせて、当該地域の相対的評価に役立つよう速やかに整備を進めるべきである。

また、地域の産業はその土地の歴史や文化、そして地理的特性を知るうえで大きなテーマである。その土地で産出される農作物やそれを原料とした加工業、古くから職能集団が住み着いた木工業や鉱物資源をよりどころに発展した鉄鋼業もあるだろう。新しく工場を構えた電子機器部品工場でさえ、その土地の豊富な水資源を頼りに整備されたということもあるだろう。

住民に地域の産業を地域特性とともに案内することは、その土地らしさの理解とそこに働く人々への理解につながり、地域共同体としての仲間意識の醸成にもつながるだろう。

そして最も重要なことは、当該自治体の歴史と文化を知ることである。歴史や文化は、少なくとも住民にとっては、それ自体が普遍的な価値があるから重要なのではない。もちろん歴史あるいは美術的な観点から、また全国あるいは世界的に希少なものとして貴重な文化財があるし、それ自体は郷土の誇りとすべきものである。

しかし、最も根源的に重要なのは、いま、ここに生きている私たちにとって、血縁的継承が長いか短いかにかかわらず、その土地に生き、あるいは転出・転入する人々も含めて、自然や景観あるいは文化的営為をつないできた実際的な生活がそこに続いていることである。

これからの地域のよりよい発展を進めるには、その地域の歴史的文献や伝承された習俗、あるいはその土地の気候や地理的条件をよく理解することである。

その代表的なものは、災害と地域の記憶の継承と記録である。「記録されたものだけが、記憶される[20]」とは宮本常一の言葉だが、あるいは記録があっても、そのことに目と耳を傾けなければ、見過ごされ、受け入れるべき重要な忠告も私たちには届かない。

その土地で食されるものは、その気候風土の長所・短所を伸ばしたり補ったりするものである。画一的な食文化からは味わえないそこでしか味わえない食や風土に、私たちは生物としての生きがいや住み心地のよさを感じているのではないだろうか。

そうした、忘れられてはならないことを記録すること、そしてそれを住民にわかりやすく提示することは、図書館のきわめて重要な使命である。

◆——図書館と地域活性

地域が活性化する、とはどのような様態を指すのだろうか。そして、そもそも誰のための活性化なのか、という原理的な問いを忘れてはならない。それは、それぞれの政策によって様々であり、ときにはトレードオフ[21]を生むこともあるが、少なくとも目的を見失った活性化施策ほど愚かしいことはないからだ。

活性化とは、辞書的な意味では「沈滞していた機能が活発に働くようになること[22]」とされている。つまり、地域社会の諸活動が活発になることと簡潔に定義付けられる。

それでは、地域社会の諸活動とはどのような営みがあるのか、整理してみたい。例えば、自治体の一般行政活動や教育行政活動、企業活動、地縁的住民活動（町内会など）、政策共同体的活動（ＮＰＯなど）などの分類ができる。また一方で、個人に注目すれば、家庭生活や地域活動、就労、ボランティア活動、余暇活動などが考えられる。

そして、「活発」になるという結果の評価は、多面的にならざるをえない。例えば、経済活動に目を向ければ、生産率が上昇することや雇用が増加することが活発になったとして評価できるが、自然環境の保全活動に目を向ければ、経済活動の活発化が森林の減少というトレードオフを生むかもしれないし、農業振興という観点からは、農地や生産者が減少したという結果を招くかもしれない。

何を活発にしようとするかは、住民を含む当該自治体の政策判断いかんである。しかし、当然これはゼロサムの議論ではなく、バランスをどうとるかという政策調整の問題である。

図書館がそうした多面的な諸活動をおこなう自治体や諸団体、あるいは個人に対して、それぞれが掲げる「活発化」の諸相に鑑み資料や情報を提供していくことは容易なことではない。

図書館員は、資料を知ることは当然のことながら、当該地域の個人と、その個人が活動を展開する諸団体について十分に理解するところからサービス計画を検討しなければならない。

◆──図書館が個人を支援する

地方自治体の教育行政で、図書館は個人が最も利用しやすい形態である。団体に所属したり、指定された時間に出向く必要もなく、図書館の開館時間のなかで自分の都合がいい時間に出向いて、必要な情報を閲覧や複写・貸出という形で利用できる。近年では、図書館で提供するメディアも多様化し、本や新聞、雑誌といった伝統的な資料群に加えて、オーディオ・ビジュアル資料やインターネット上のデータベースを提供している図書館が増えてきた。

生活者として、また職業人としても社会を構成する個人の情報ニーズに応え、主体的な生の実現を支援することは、図書館に求められる使命の基本であることはすでに述べた。そして、個人の諸活動を支援することは、同時に、その個人が所属する諸団体の活動を活発化させる可能性をもつことになる。

個人が主体的な情報収集によって仕事へのモチベーションや人間社会に対する信頼感を高めれば、

個人が所属団体でより活発に活動する可能性は高まると言えるだろう。

二〇〇〇年代以降、図書館では、従来からの児童サービスや高齢者・障害者サービスという実践に加え、ビジネス支援サービスや健康医療情報サービス、法情報サービス、行政支援サービスなど、様々なニーズをもつ個人をわかりやすく情報源に誘導できるよう、書架配列や資料展示を工夫したり、関連のセミナーを開催するなどの取り組みを展開している。

一九七〇年代以降の図書館は、本を貸し出すという行為が、読書という個人的営為によって最も効果的な学習効果を生む、というただ一筋の光明に頼りきっていた。貸出冊数の増加が、図書館への何よりの支持の証左であり、図書館の使命は資料提供であって、それ以上でもそれ以下でもない、という言説に長い間呪縛されていた。

しかし、限られた資源をどのようなニーズ分析に基づき、どのように配分し、そして学びの契機や動機をどのように作っていくかという政策を検討することもなく、ただ要求の声に従って、いわば声の大きなニーズに追随して、貸出冊数という結果に一喜一憂してきたのが、前世紀までの図書館だった。それは、目の前の図書館の来館者しか見ていない活動であった。

自治体の市民全体に目配せして、様々な諸相にある個人をできるかぎり幅広く認識し、図書館資源を効果的に提供することで個人の自立を支える、という図書館の使命は、まだ十分には果たされていない。そもそも、地域の活性化は誰のためにどのように取り組まれるべきものなのかという根本的な問いを踏まえ、地域の構成員である個人を支え、かつ個人の存立を相互に支え合う地域社会の活発な活動のために役立つ図書館を志向しなければならないだろう。

◆──図書館が地域社会を支援する

地域社会とは、企業活動や非営利の住民活動、そして自治体活動など様々な要素で構成されるが、ここでは住民が中心になっておこなう非営利活動に焦点を当てたい。

地域で住民が組織化されるケースを以下のように整理する。自治会、町内会、PTA、各種ボランティア団体（環境、教育、福祉、防犯防災など）、NPO、趣味や同好の任意団体などである。

こうした人々の日常的な活動に役立ち、さらには新たな活動の企画立案に寄与できるような情報提供を、図書館は積極的におこなうことが求められる。

例えば、日本十進分類法（NDC）をベースに、分類番号順に資料を配列するのではなく、類似する主題でありながらNDCでは分散する経営（三類）と産業（六類）を近接させるとか、カレントな話題に焦点を当てて、分類を複合させた特設コーナーを設置するなどして、図書館での気づきを誘発することが重要になってくる。また、非来館者のために、こうした情報提供は図書館のウェブサイトやSNSなどでも紹介することが有効だろう。

さらには、様々な課題に対処するために、分野が異なる団体をコーディネートするという局面でも、図書館の役割が期待できる。例えば、地域医療の医師不足の問題は、単に医療行政の枠にとどまらない。健康福祉部門である子育て支援活動で、「コンビニ診療」を是正する啓発活動や社会教育部門の家庭教育活動などでのはたらきかけをおこなうことも重要である。さらに、民間ベースの子育てサークルなどにはたらきかけることも考えられる。

こうした課題に対して、情報提供という立場から図書館が各施策の担当者をつないで効果的な啓発活動を図書館の場で展開することも可能なのである。

図書館は、少なくとも自治体政策で全方位的に情報提供ができるよう各部門の施策を把握し、当面の課題を踏まえたうえで、資料や情報の提供をおこなわなければならない。しかし、それだけでは十分ではない。行政部門がカバーできない政策課題は、住民の任意団体やＮＰＯが解決を模索しているケースがある。例えば、発達障害のグレーゾーン[23]にあるとされる子どもとその保護者は、診断を受けて支援学級に入ることを選択できず、子どもに必要な治療や人的支援を施せないまま二次障害を引き起こすケースがある。そうした保護者が同じ境遇にある保護者同士でつながり、悩みを共有するなかで発達障害を受け入れていくコミュニティーをＮＰＯが支援しているケースがある。こうした活動と情報提供の場として、図書館の関与をもちかけられたことがあった。

一冊の本と読者との出合いは点としての気づきをもたらすが、その本のテーマについての講演会には、同じ興味・関心を抱いた住民が集まる。ここでは、ある著作のテーマが集団的に認知・共有され、さらなる学びや諸活動を展開する課題共同体の萌芽が見られるのである。

◆―図書館が地域経済を支援する

地域社会の経済活動を図書館が支援する姿は、イメージすることが少し難しいかもしれない。その諸相を捉えるために、二つのアプローチを試みる。

一つは、個人としての職業人を情報提供によって支えることで、その人が所属する企業などのパフォーマンスの向上に影響を与えることは十分に想定できる。現に公共図書館では、多くのビジネス関連書や技術系の実用書が利用され、閲覧席にはそれらの資料を参照しながら持ち込んだパソコンで情報整理をするという光景を目にする。しかしながら、これらの実用書や技術専門書などは、漫然と出版情報から予算に合わせて選定するという態度では、必ずしも活発な利用には結び付かない。当該自治体にどのような業種の企業が存在するのか、また、当該地の住民が就業している産業種別はどのような状況になっているのかについての統計情報を踏まえ、土地の事情にマッチした選書をすることが肝要である。

また、そうして準備した資料を礼儀正しく書架に配列するだけでなく、各種の業種・業界のトピックを捉えて特集展示を設けるなど、発見されやすい気づきを発動させるような見せ方の工夫も凝らしたいところだ。

また、起業を目指す個人に資料や情報の提供や中小企業診断士などの専門家とマッチングさせるような支援も図書館では可能である。公共図書館でのビジネス支援サービスというアプローチは、これまで企業活動や起業に図書館が役に立つなどとは思ってもみなかった社会人の意識を少しずつ変えているように思う。鳥取県立図書館のビジネス支援サービスを活用して生まれた沢田防災技研のシャッターガードは、車庫などのシャッターを強風災害や盗難から守る安価な商品として注目された。

地方創生が言われる現在、都市部の被雇用労働者という選択肢だけでなく、地域の資源を生かしたスモールビジネスやコミュニティービジネスに注目が集まるなか、図書館が地元商工会など関係機関と連携して、情報提供という強みを生かして地域の活性化に貢献するサービスモデルは、まだまだこれからの挑戦である。

二つ目には、地場産業全体を図書館が商工観光施策として支援するという取り組みがあげられる。栃木県小山市立図書館の農業支援サービスは、図書館の資料情報を使って関係機関と連携し、生産者・消費者への情報提供事業やおやまブランドを全国に発信する情報発信事業を展開するなど、意欲的な活動を展開している。

◆――地域活性化に役立つ図書館

地域が活性化するためには、自分が住むまちやそれ以外の地域のありようを相対化し、独自に評価できる自立した個人の存在が不可欠だろう。そうした個人の自立を支えるのが、ほかならぬ公共図書館の使命である。その使命をベースとして地域のあり方を検討し、そのための手立てを構想していくときに、様々な資料情報が必要になる。さらには、そうした学びをともに分け合い、政策共同体としてのコミュニティーを住民が創造していくことを支援するのも、社会教育機関としての図書館の重要な役割と言えるだろう。

地域活性化に図書館が役立つには、自治体や地域社会を知る努力、そしてそこに活動する住民の学びを具体的にイメージし、図書館機能をコーディネートしていくオーガナイザーとしての動きが求められる。そうした動きは、奥まったキッチンで調理した料理を差し出すのではなく、素材集めからオープンキッチンでの調理まで、住民とともに作り上げていく気概が求められる。先進事例のモザイクではなく、いまこそ地元の力を引き出していく図書館が求められているのである。

3――社会関係資本《ソーシャル・キャピタル》という緩やかなネットワーク

◆――社会関係資本《ソーシャル・キャピタル》という視点

昨今、様々な社会問題やその病理の背景に「コミュニティー崩壊」があると言われて久しい。[24] その原因はどこにあるのだろうか。

戦後、民主主義の移入と、戦災復興を目指した高度経済成長期での資本主義のさらなる進展が、給与所得者の増大と消費文化の台頭を迎えることで、個人主義的な精神文化を醸成していったことが、その遠因ではないかとも言われている。[25] つまり、農村に代表される共同体による支え合いの暮らしから、貨幣による価値交換に基づいた生活文化へと変化することで、人と人とのコミュニケーションの必要性がしだいに薄れていくことになった。また、これまで近隣の支え合いや家族内で営まれてきた地域福祉が、近代的な社会保障制度のもと、納税や保険料との交換による各種行政サービスへと変貌したことも、地域のつながりを結果的に希薄化させることを後押しした。さらに、受験競争を背景とする学習塾の存在は、結果として地域と子どもたちを隔離し、家庭内でのコミュニケーションの希薄化にも拍車をかけることになった。

戦後の経済発展とそれを背景とする生活文化の改善や発展は、私たちの暮らしを豊かにした。一方で、親密で統制がとれた関係性に基づく協調行動によって様々な問題を解決し、信頼関係が地域社会を作り、育て、守っていくという相互扶助的な行動は、様々な社会システムが高度に構築された結果、その動機付けを失い、縮減しつつある。

経済発展による家計の向上や社会保障による様々なサービスが、私たちの暮らしを完璧に支えることはなかった。生きるための共同体が結果として培ってきた、助け合いの精神やいわゆる「結い」などの関係性の仕組みが崩壊することで、様々な矛盾や問題が私たちの日常生活を脅かすことになった。「安心安全のまちづくり」などというスローガンが、地域の掲示板に掲げられているのはその証左だろう。

そこで、再びそうした人間関係の絆とも言うべきものの価値に対する評価が注目を浴びることになった。「コミュニティ再生[26]」という言説は、政府や自治体の地域社会維持への危機感や私たちの不安を表している。

ロバート・パットナムは、ソーシャル・キャピタル（社会関係資本）という概念で、こうした地域社会の問題の解決力を実証しようとしている。[27]パットナムによるとソーシャル・キャピタルとは、「人々の協調行動を活発にすることによって社会の効率性を高めることのできる、「信頼」「互酬性の規範」「ネットワーク」といった社会組織の特徴」である。また、内閣府の「コミュニティ機能再生とソーシャル・キャピタルに関する研究会」で座長を務めた山内直人は、「人々の協力関係を促進し、社会を円滑・効率的に機能させる信頼、規範、ネットワークといった諸要素の集合体[28]」と定義している。

山内は、ソーシャル・キャピタルを特徴付ける三大要素である信頼、規範、ネットワークについて、およそ次のように説明している。

信頼には、地域で暮らす近隣住民同士の顔が見える信頼関係と、顔見知りではないが相互の活動や仕事を通して個人あるいは団体がお互いを信頼し合っているという関係性があるが、今日のコミュニティー再生を考える際には、後者の信頼関係がソーシャル・キャピタルの構成要素として重要である。

また、規範については、日本の伝統社会で「お互いさま」という言葉が表すように互酬の慣行が深く根付いていて、直接的な見返りを求めない他者への奉仕の気持ちと、いつか自分が困ったときに他者が助けてくれるのではないかという期待も込められた価値として意識されてきた。

ネットワークについては、会社組織のようなヒエラルキー構造をした垂直的ネットワークよりも地域コミュニティー、クラブ、市民団体のような水平的なネットワークであることが重要である。(29)

◆――ソーシャル・キャピタルの内実

ソーシャル・キャピタルには、その性格と特質からいくつかのタイプがある。基本的な分類として、結合型（bonding）と橋渡し型（bridging）の二つある。結合型ソーシャル・キャピタルとは、「組織の内部における人と人との同質的な結び付きで、内部で信頼・協力・結束を生むもの。例えば、家族内や民族グループ内のメンバー間の関係」とされている。橋渡し型ソーシャル・キャピタルとは、「異なる組織間における異質な人や組織を結び付けるネットワーク。例えば、民族グループを超えた間の関係とか、知人、友人などとのつながり。そのつながりはより弱く、より薄いが、より横断的であり、社会の潤滑油とも言うべき役割」を果たすとみられている。[30]

それでは、ソーシャル・キャピタルは具体的にどのような社会的な効果を生み出すのだろうか。内閣府国民生活局の調査によると、ソーシャル・キャピタル指数[31]が高いところほど失業率が低いという傾向が明らかになっている。また、同じくソーシャル・キャピタル指数が高いところほど犯罪発生率が低くなっていることや、住民の健康増進や出生率向上にも効果があることを指摘している。[32]

ソーシャル・キャピタルの形成には、近年広がりを見せているＮＰＯやボランティアといった市民活動が大きな関係性をもっていることが内閣府のアンケート調査によって明らかになっている。[33]市民活動参加者に活動を通して得たものを聞いたところ、「地域のさまざまな人とのつながりができた」という回答が最も多かった。さらに内閣府調査では、現在市民活動に参加していない人に、今後の参加意向を尋ねている。これによると、他人を信頼している人ほど隣人・友人・知人との付き合いの範囲が広く、交流頻度が高い人ほど今後市民活動に参加したいという意向をもっていることがわかっている。

以上のように、ソーシャル・キャピタルと市民活動の間には、正の相関関係があるものと考えられる。ＮＰＯ活動が住民の間の互酬的な規範を強め、相互信頼を高め、ネットワークを強化することを通じて、ソーシャル・キャピタルが促進されると考えられている。

市民活動のこうした機能をコミュニティー再生のための政策として充実させることは、国や自治体の重要な責務である。[34]ソーシャル・キャピタルと市民活動が相互に補強し合う関係性にあるならば、NPO活動やボランティア活動を促進するような政策によって、ソーシャル・キャピタルの形成に役立つことが予想できる。例えば、NPOに自治体から補助金を出したり事業委託をおこなうなどが考えられるが、地域住民とNPOなどの結び付きを支援するネットワーク化に対する施策も必要だろう。

◆——社会関係資本《ソーシャル・キャピタル》の特性と図書館の親和性

「社会関係資本」とも訳されるソーシャル・キャピタルは、伝統的な共同体によるつながりと、一定の価値観を共有する広範で多様な人々による相互連関的なつながりといった性質があるのだが、実際、地域の活性化は、こうした結び付きや関係性がどのように作用し合うときにその効果を発揮するのだろうか。コミュニティー機能の再生において、ソーシャル・キャピタルがより有効に構築される要素として、山内直人は次の三点を指摘している。

①先駆性あるいは課題発見力の要素
②人間関係づくりをおこなうリーダーシップあるいはコーディネーターの要素
③コミュニケーションのための公共空間の要素(35)

①の指摘は、まだ誰も気づいてはいない地域の課題や優れた点について冷静かつ客観的な視座によって発見する能力だが、これはきわめて重要である。しかし、こうしたはたらきをおこなうこと

は、長くその地域に暮らす当事者にとっては難しい面もある。地域外の住民や行政職員、ＮＰＯなどの外部の視点によって、その地域が観察される仕組みが構造的に作り込まれていることが、ソーシャル・キャピタル形成にとって不可欠だろう。例えば、地域自治組織によるまちづくりを考える場合には、オブザーバーとしてまちづくりＮＰＯに参画要請したり、学生による「まちづくりフィールドワーク」を開催するなどが考えられる。

また、②については、理想的なリーダーシップとは、人物を固定化するのではなく、様々な局面で多様なアクターが適材適所にその役割を担い合い、相互に連携し合うことで成り立つことが望ましい。ソーシャル・キャピタル形成では、前述のようなアクター間のコーディネートによって形成される地域ネットワークが不可欠であり、そのファシリテーション力としてのリーダーシップが非常に重要だと考える。

また、③のコミュニケーションのための公共空間の要素だが、それは誰もが参加しやすく気兼ねなく出入りできる場であるため公共の施設であることが望ましいだろう。また、議論や調査分析のための多様な資料、情報が集積していることが合理的である。

それでは、このような関係性のコーディネートは誰が担うべきか。現在のところ、これが新たな公共性の創造と言われる市民自治を推進すべき立場にいる行政の役割(36)ではないだろうか。もちろん、コーディネート自体はＮＰＯや地域住民でも、必要なリーダーシップさえ発揮できれば可能である。しかし、地域課題の解決には、長期的な展望や利害関係の調整、財政支援を伴うものなど、安定性、公平性、正当性が要請される事案も少なくない。こうした視点から、これからの行政は政策立案と執行を独占するのではなく、様々な地域課題に応じた効果的な政策を形成するためのネットワークづくりのために、多様なアクター間のコーディネーターとして存在すべきだという指摘もある。[37]

しかし、残念ながら行政はまだまだ縦割りであり、こうしたネットワークをコーディネートする役割を果たす部署は存在しない。企画調整課のような部署が行政内の政策調整を図ることがあっても、地域の多様なアクターをネットワークする発想は十分には見られない。

さて、地域の図書館は、暮らしや仕事に関する様々な課題や問題をもつ市民がその解決に導く資料を求めて足を運ぶ公共施設である。そこには、まだ行政が政策化できていない、地域の重要な課題が持ち込まれる可能性がある。また、図書館で出合った資料から、地域を含む地球規模の問題に気づく人もいるだろう。その意味で、地域の図書館は課題の集積地と言えなくもない。先駆的な思考や課題発見力を向上させるには、こうした多様な情報群とのチャンネルが保障されていることがきわめて重要だろう。

また、図書館には、地域行政資料をはじめ、様々な分野の資料や情報が収集・蓄積されている。そして、これらの資料提供や関連する情報の効果的なプレゼンテーション、集会事業の企画などによって、関係者を呼び込み、その関係性をコーディネートする可能性をもった図書館司書が存在する。また、図書や雑誌をはじめとした多様な資料と集会機能をもつ場所としての図書館が、その公共空間を提供している。以上のことは、先に述べたコミュニティー機能の再生において、ソーシャル・キャピタルがより有効に構築される要素と相当部分、重なり合っている。地域住民やＮＰＯが、様々な会合やイベントなどに図書館を活用するとき、図書館機能がそれらの活動に有機的な効果をもたらすことは想像にかたくない。同時に、ソーシャル・キャピタル形成を支援する行政職員としての果たすべき役割を考えると、現在の図書館司書のイメージを刷新せざるをえないのではないか。

さて、ソーシャル・キャピタルについて宮川公男は、二十世紀後半というよりももっと長い歴史的視野で考えるべきだと述べている。(38) 宮川は、資本主義、科学技術および民主主義の三つの大きな力による相互作用が、二十世紀の人類文明のなかで、伝統的な人間社会にどのような根本的変化をもたらしたかを考えておく必要があると述べたうえで、コミュニタリアンのマイケル・サンデルの次のような言葉を紹介している。

「現代の産業および技術は、伝統的なコミュニティを、それにおきかわるものを準備することなく解体させてしまった（略）電気と蒸気によってつくり出された偉大な社会（Great Society）は、社会であるかもしれないがコミュニティではない。比較的非人格的で機械的な人間行動の新しい結合様式によるコミュニティの侵略が現代の生活の顕著な実態である」(39)

いわゆる産業革命は、人類の文明にとって大きな変革をもたらしたと同時に、多くの新たな問題をも引き起こした。例えば、公害や都市への人口集中、貧困や治安の悪化などである。次節では、産業革命期にその萌芽を見せるイギリスとアメリカの図書館政策の歴史を紐解きながら、その社会政策的な側面と、崩壊しつつあったコミュニティーへのはたらきかけについて検討し、わが国の図書館の歴史も概観しながら、日本の図書館政策の後進性を指摘したい。

4――図書館が醸し出すエートス

◆――市民自治での合意形成と図書館の役割

ここまで、主体的自主的な住民による自治への参加、協働を「市民自治」と表現してきた。一人ひとりの住民あるいは集団としての地域住民がばらばらに存在するのではなく、地域社会を形作る隣人として、また相互に補い合う人間同士としての信頼関係をもちながら、お互いを尊重しながら結束を実現できるならば、市民自治は現代社会での政府や市場の欠陥を補完し、その地域に住む住民一人ひとりが住みやすいと感じられる地域づくりができるのではないか。つまり、市民自治の実現には、ソーシャル・キャピタルの構築がきわめて重要ではないかという主張を展開してきた。

ここでは、市民自治を形成するうえで重要と思われるアクター間の合意形成について、図書館の役割を交えながらいくつか指摘したい。

今川晃は、これまでの地方自治を振り返るなかで、住民と行政における「広報・公聴」のはたらきが、上意下達だった関係性を双方向のものにしたとしながらも、これが形式的コミュニケーションだったとし、こうしたシステムでは、複雑化した政策課題や住民間の利害関係の調整は困難であり、合意形成や政策形成過程での住民参加を基本とした実質的コミュニケーションが求められるとしている。(40)

重要な政策決定への住民参加の形には、例えば住民投票制度があり、自治基本条例やまちづくり基本条例にこの規定を設ける自治体は増えつつある。しかし、住民投票は一つの論点をめぐって賛否を問うのが通常であり、今川は「住民に十分な学習過程が提供されない限り、感情論などに左右される可能性が高い」と指摘し、こうした意思決定制度の活用の前に、住民参加による実質的な議論がどの程度おこなわれたのかが問われると述べている[41]。

では、住民参加での実質的な議論がなされるためには、どのようなことが要点になるだろうか。

第一に、住民が様々な政策決定をはじめ、自治のために必要な議論をおこなうには、自分たちが暮らすコミュニティーを含む自治体についての多様な情報が公開されていることが肝要である。

行政情報には、公開が前提とされているものだけでなく、非公開、条件付き公開など各自治体の情報公開条例による規定があり、そうした制度設計がどの程度住民にとって使い勝手がいいものであるかがまず問われる。少なくとも、公開が前提の情報については、特別な手続きなしにわかりやすく分類・整理された状態で自由にアクセスできるようにすることが理想的である。

さらに言えば、住民に提供する情報は、行政が発信するものばかりでは十分ではないということである。例えば市町村合併の賛否をめぐる議論では、行政側から提供される情報に偏りがあったのではないかという指摘もある[42]。そのような視点から、自治に参加する住民に必要な幅広い情報が、不特定多数の人々が多様な情報を求めて訪れる図書館で、公平かつ公正に提供されることの意義は大きい。

第二に、住民に提供した情報が十分に活用され活発な議論に発展するよう、適切な議論の機会を提供することが重要である。多くの住民は、常に自治やコミュニティーの動向に注目しながら生活しているわけではない。様々な課題の優先順位や時期に合わせて、適切な情報の提示が必要である。例えば図書館で、地域課題に関する資料展示をおこなったり、各行政部局の課題にちなんだ講演会やシンポジウムを開催するなどして、住民の関心を喚起し、住民相互による政策論議の機会を提供することが重要である。

第三に、前述のようなプロセスで住民の政策形成への関心を喚起できたならば、住民相互の議論が継続的になされるために、何らかのはたらきかけを繰り返しおこなうことが求められる。例えば、ある地域課題について、図書館員や行政職員がファシリテーターとしてコミュニティーに入ってワークショップを開催し、住民の意見交換や解決策の模索を図ることなどがあげられる。前述のような施策を重ねる過程で、住民自身による問題発見と課題解決への自主的な取り組みの萌芽が生まれ、コミュニケーションを通じた相互信頼と関係調整力を形成することで、市民自治に不可欠な主体性が醸成されるのではないかと考える。

こうした主体性が確保されてはじめて、行政との協働による政策形成が意義あるものになる。今川は、協働とは、行政と住民団体が相互に主体性を尊重し特性を生かして連携し、あるいは役割分担をしながら課題解決に取り組むことを意味し、それぞれの主体が対等であることが大前提であると述べている。[43]

以上のように、住民参加での実質的な議論を活性化させ、合意形成過程で住民相互の主体性を醸成するには、図書館が多様かつ広範な情報提供をおこなって議論を誘発する施策が重要である。

こうした施策によって、住民相互のコミュニケーションがより活発化・濃密化し、ソーシャル・キャピタル形成に良好な効果を及ぼすことになるだろう。

ソーシャル・キャピタル醸成に関する政策手段について大守隆は、生活保護や失業保険などの伝統的な社会政策がソーシャル・キャピタルに重要な影響を及ぼすとしながら、ソーシャル・キャピタルを積極的に育成していくためには、教育の重点を知識の伝達から、成熟した市民の育成にシフトさせるべきだと述べている。[44]

◆――ソーシャル・キャピタルを形成する図書館モデル

前述のように、ソーシャル・キャピタルがより有効に構築される要素には、以下の三つがあった。

①先駆性あるいは課題発見力の要素
②人間関係づくりをおこなうリーダーシップあるいはコーディネーターの要素
③コミュニケーションのための公共空間の要素[45]

以上のような要素が、図書館の機能としてきわめて親和性が高いことはすでに述べた。ここでは、市民自治の展開にとっての重要な要素としてソーシャル・キャピタルの形成をあげながら、その醸成に図書館が果たす役割を述べるが、こうした機能は、あくまで市民自治を実現するための条件の一つにすぎない。いくら住民の主体的・自主的な学習の機会を保障し、その人的ネットワークのコーディネートを果たしても、そうした活動による合意形成が政策決定に反映される仕組みづくりがなければ、市民自治の実現はおぼつかない。また、逆に住民による政策提案制度が整っても、十分な情報公開に基づく学習機会や情報交換、政策論議を保障するコミュニケーションの場が提供されなければ、中身が充実した政策提言は期待できない。

図2は、図書館を利用する住民が必要な情報の提供とネットワークづくりの支援を得て、市民自治が展開されるフローを示したものである。こうした「学習する住民」によって政策形成がなされ、市民との協働によって自治が展開される自治体を「学習する自治体」と名付けた。

それではこの図を参照しながら、ソーシャル・キャピタル形成を醸成する図書館モデルを具体的に示したい。

①図書館による基本的なサービス

住民は、普段の生活で自分の必要や嗜好に沿って図書館を利用する。そこで入手した資料や司書からのアドバイス、また図書館がカレントなテーマに即して展示した資料などから、個人としての気づきを得るというレベルにおいて、このような方法で自己発見や地域の問題や課題を発見するというプロセスを図書館が提供できる。このような機能を「図書館による基本的なサービス」と名付ける。

②図書館による発展的なサービス

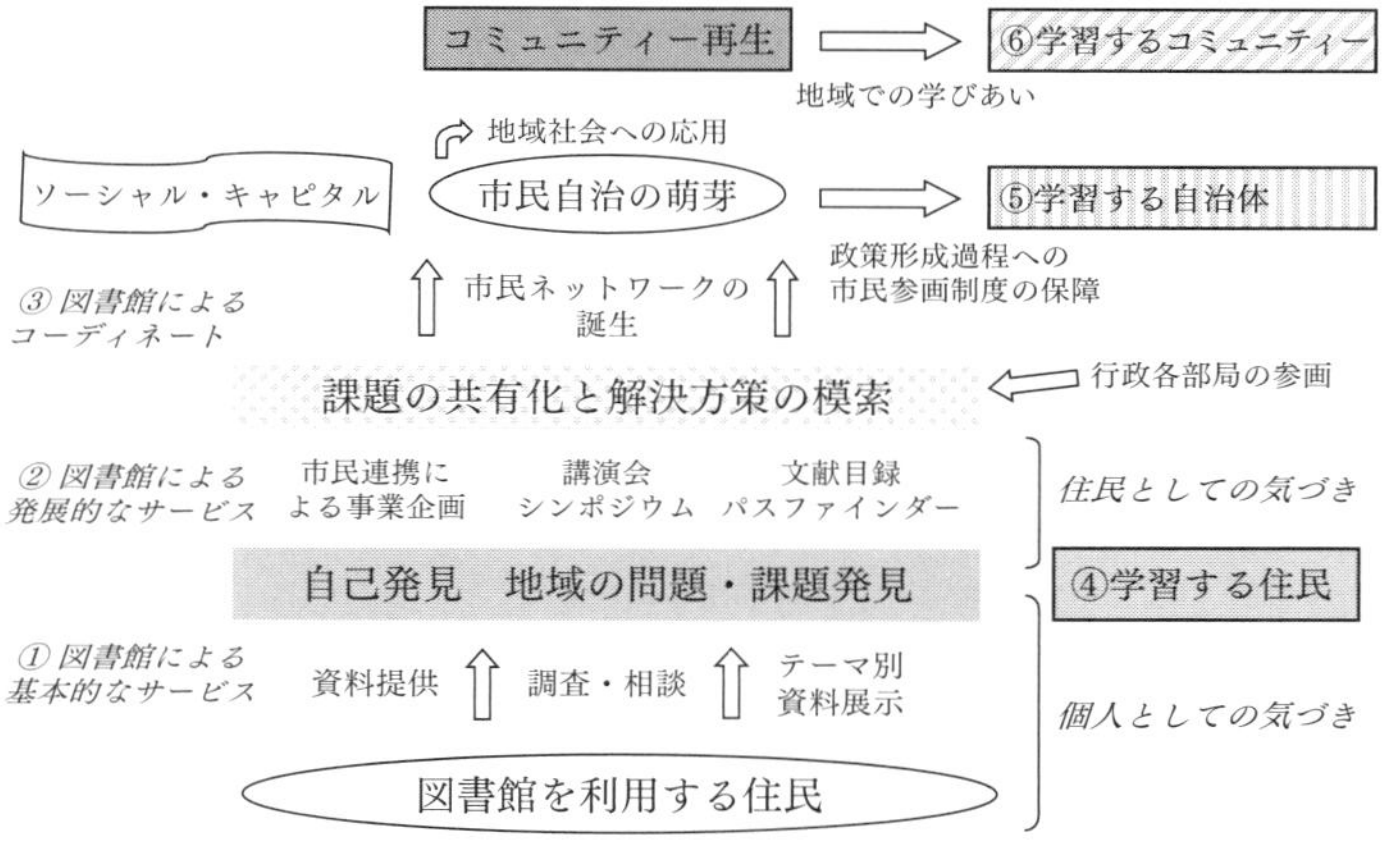

図2　市民自治の形成とソーシャル・キャピタルの関連図
(出典：筆者作成)

さらに、図書館が住民の利用動向や社会的な状況を踏まえて様々な講演会やシンポジウムを企画し、共通の関心事項をもつ住民が会する機会を作る。また、そうしたテーマについての関連資料の文献目録やパスファインダー(46)を作成し、住民がさらに調査や研究などを自身で深められる支援をする。あるいは、住民自身が関心をもつテーマや地域課題をベースに、図書館との連携で事業や企画を展開する。こうした活動のなかで、関連する行政各部局を巻き込んで課題の解決方策について議論することが可能になる。このような図書館の活動を「図書館による発展的なサービス」と名付ける。

③図書館によるコーディネート

このような活動が単発的に終わることがないよう、住民相互の継続的な活動を支援するためのコーディネートをおこない、ワークショップなどで議論を深める場を提供したり、図書、雑誌、ウェブなどから得た関連情報を提供したりしながら、こうした住民の動きを行政各部局にも紹介することで、住民と行政との接点を作り出すことができる。こうした図書館活動を「図書館によるコーディネート」と呼ぶ。

④学習する住民

以上のような活動を展開することで、「学習する住民」が図書館という公共空間に集い、常に新鮮な情報を入手して相互に信頼関係を醸成しながら、課題を共有し、解決策を模索していくという姿が浮かび上がる。こうした活動を通じて、さらに住民相互の規範意識が形成され、そこに行政各部局の職員が参加し、住民とともに政策立案のシミュレーションをおこなうことで、市民自治の萌芽が生まれることが期待できる。

⑤学習する自治体から⑥学習するコミュニティーへ

そうした「草の根自治」(47)とでも言うべき市民ネットワークによる学習の繰り返しが、質の高い政策形成過程を育成することになる。このようなプロセスが市民発意の政策を生むようになれば、行政はそれを実際の政策に反映する制度を構築する必要が生じてくる。学習する市民による政策提案を常に受ける行政や議会、そして首長は、常に緊張のなかで自治体経営を展開することが求められる。このような関係性によって、「学習する自治体」が生まれる。さらに、そうした住民相互の主体的な学びによる課題解決を地域社会に応用すれば、コミュニティー再生に大きな影響を与えることが期待できる。こうしたコミュニティーのあり方を「学習するコミュニティー」と位置付けたい。

以上のような政策プロセスに、図書館の機能はきわめて重要な役割を果たす。図書館は、前述のような実質的な情報提供をするとともに、精神的な安寧や文化的な充実感を得ることを可能にする資料や、生活に役立ち暮らしを豊かにする幅広い資料の提供によって住民に支持され、資料相談や調査援助、リクエストへの徹底的な対応などによって住民から信頼される必要がある。そうした図書館への信頼が、住民のポテンシャルを引き出すことにつながり、図書館と住民の関係性自体が一種のソーシャル・キャピタルを形成することになる。そして図書館に集う住民相互の信頼関係が、ソーシャル・キャピタルとして機能し、市民自治へと発展する、ということを本書では主張したい。

それでは、前述のような図書館機能をもたせるには、どのような環境整備が必要になるか検討したい。

第一に、自治体の首長が、地域の情報拠点として、また生涯学習の拠点としての図書館のこうした機能を十分に認識し、地域経営戦略の重要なツールとして位置付けることである。

図書館が発信する様々な情報によって、市民が自立し、自らの暮らしを充実させ地域に対して主体的に関わるようになれば、地域活性化にとって好ましい影響を与えることになる。また、議員や行政職員への積極的な情報提供によって政策立案能力や執行能力が上がれば、効率的な行政運営が期待できる。

第二に、文部科学省令「図書館の設置及び運営上の望ましい基準(48)」が示す図書館基準を満たすような図書館整備に努めることが求められる。ただ、当該基準は、サービス内容に関する詳細な記述はあるものの、具体的な数値基準が示されていない。したがって各自治体では、「公立図書館の設置及び運営上の望ましい基準について（報告）[49]」に示されている「貸出活動上位の公立図書館における整備状況」（表1）を参考にしながら、具体的な整備計画をおこなう必要がある。

図書館は、ただ建物として存在するのではない。図書館員は、日々刻々と変化する社会状況や新たな文化事象を常に敏感に察知し、住民が求める情報ニーズに応えなければならない。そのためには、効果的にスペースの確保をおこない、自治体の規模や特色に見合った蔵書や多様なメディアで提供する情報を、常に新鮮に保つ必要がある。表1の貸出活動上位の図書館では高い利用率を維持し、住民の支持を受け続けている。

第三に、こうした図書館機能を十分に認識した司書を正規職員として配置することである。とりわけ図書館経営の責任者である館長は、十分な経験をもち地域経営での図書館の役割を認識した人物の登用が求められる。もっとも、根本的な問題として、司書養成課程で図書館の使命や新たな機能に関する科目の刷新と充実をおこなうことがあげられる。

さらに重要なことは、図書館職員が地域の課題や住民の動向、さらには政治・経済や社会状況について熟知し、現在あるいは近い将来どのような情報ニーズが発生するかへの鋭い嗅覚を備えておくことが肝要である。また、様々な必要や課題をもって来館する住民との親密かつ自然な接遇によって、個人的な事情も含めた多様な情報ニーズを引き出す高いコミュニケーション能力を有することも重要である。

表1　貸出活動上位の公立図書館における整備状況

人口段階別	1万人未満	1—3万人	3—10万人	10—30万人	30万人以上
平均人口	6,500	17,900	49,800	140,800	403,700
延床面積（平方メートル）	896	1,591	2,937	5,437	8,853
蔵書冊数	53,067	93,373	213,984	547,353	850,812
開架冊数（内数）	44,615	73,657	153,181	335,203	558,362
開架に占める新規図書比	9.8%	9.2%	10.9%	10.9%	9.1%
視聴覚資料点数	1,582	3,277	8,299	18,809	47,400
年間購入雑誌点数	124	130	255	615	955
資料費（千円）*	9,841	17,635	35,398	74,629	143,361
人口１人概算（円）	1,500	1,000	700	550	350
人口１人年間貸出点数	14.4	13.8	11.4	10.0	7.8
職員数（有資格者）**	5(3)	8(4)	19(11)	53(25)	98(58)

* 1998年度決算額
** 非常勤、臨時職員を含むフルタイム相当人数
（出典：日本図書館協会「公立図書館の設置及び運営上の望ましい基準について（報告）」〔http://www.jla.or.jp/library/gudeline/tabid/235/Default.aspx〕［2019年8月5日アクセス］）

現在図書館で働く司書には、図書館の諸機能が自治体経営での情報政策の観点から、また住民の学習を保障する教育機関としての観点からもきわめて重要であることを強く認識し、その機能をより発展・維持するためにあらゆる関係者と協力して、地域の情報拠点として進化させ続けることへの使命感をもつことが求められる。

ただ単に出版される資料からよく利用されるだろう図書を予算に見合った範囲で購入して書架に陳列し、あとは住民が利用するに任せるといった消極的な態度では、行政の根幹的な業務として見なされず、体育館の部屋貸し業務と同様、「貸出業務」としてアウトソーシングの対象とされるだろう。そうした図書館機能の矮小化によって最も被害をこうむるのは、ほかならぬ住民である。

地方分権時代に、地域特性あふれる豊かな自治体経営を実現するには、図書館の充実が欠かせないという強い信念をもった経営者と職員によってしか、こ

れまで示したような図書館モデルは実現できない。

市民活動・NPOコーディネーターでしがNPOセンター代表理事の阿部圭宏は、テレビや新聞など政治動向や世論に左右されるマスメディアと異なり、図書館は多様な主張を展開する図書を中心とした活字資料を幅広く所蔵する点でメディアとしての信頼性があると述べ、コミュニティーに対して様々な問題事象の判断材料として多様な情報提供をおこなうことで、地域社会でのセーフティーネットとして機能することが期待できると述べている。(50)

地域の図書館は、住民と最も近い場所で親密な関係性をもって、住民の様々な必要や問題、課題と向き合っている。

図書館は、人々の生活（暮らしや趣味）や仕事など、人間活動に密着した問題解決に資料・情報提供というサービスでダイナミックに関わっている。そうした広範でリアルなニーズの発露がある図書館という空間にボランティアが集い、そして行政もアンテナを張ってその動向をうかがいながら人々による施策の企画立案を見守り、その妥当性を観察するというネットワークモデルは、自治体の規模など様々な調整要因はあるものの、他の自治体でも応用可能なモデルではないかと考える。

このようなモデルで課題になることは、多様なアクターのコーディネートを図る担い手の問題である。

イギリスやアメリカでは、図書館のコミュニティーにおける活動は多岐にわたり、人々の暮らしに密着した多用なはたらきが期待されている。例えばブルックリン公共図書館では、一九六一年に「コミュニティー・コーディネーター」という職を設けて、図書館サービスが地域でより効果的におこなわれるよう、コミュニティーへの積極的なアプローチがなされた。(51) また、ウィリアム・ラーネッドは、「情報サービスのスタッフは、コミュニティの社会的、知的、経済的生活にかかわる水先案内人であって、たんに特定領域の専門家であるだけでなく、情報を求めている人間を深く理解できる存在であらねばならない」と述べ、図書館員にコミュニティーの情報を総括的に選択、調整する「知識カウンセラー」(52)としての役割を期待している。

こうしたことから、図書館員には、単に情報の専門家として優れていることだけではなく、人間存在に深く精通した倫理観と人間的な温かみ、そしてコミュニケーション能力についての専門的で高度なスキルが求められるのではないかと考える。

図書館は、森羅万象の資料を図書、雑誌、新聞、音楽ソフト、ウェブ情報など多様なメディアによって収集して提供している。このような性質から図書館には、多種多様な情報を求めて、様々なアクターが訪れる。

つまり図書館は、地域に暮らす住民の幅広い必要と課題の集積地とも言える。こうした場で、その問題や課題を顕在化させ、これらを反映した地域や自治体の政策を浮かび上がらせるには、各行政分野とのネットワークも必要になる。

図書館員による多様なコーディネートの重要性もさることながら、情報集積地としての図書館という機能特性からみて、図書館が地域ネットワークのハブとして機能することによるこのような政策形成モデルを、自治体はもっと効果的に活用すべきである。

◆コラム◆　「お客様」という呼称と「消費者民主主義」

「顧客志向」という言葉が人口に膾炙して久しい。これまで製造中心、ものづくりに偏重していたマーケティングを、消費者のメリットを最大化する方向に転換しようというものである。公共サービスも、「お役所仕事」から脱却し、納税者の満足度を向上させる「顧客志向」を目指すべきだというムーブメントが起きた。

住民の暮らしや健康、教育、文化をより向上させるために、行政も決まったことだけをやるのでなく、時代や住民の声に応じた施策、事業を創造して、住民の幸福度を高めるべきだ、という論調には大いに賛同する。

とりわけ公共図書館のような住民の「教養、調査研究、レクリエーション等に資することを目的」（図書館法第二条）とする機関では、サービス対象がもつ課題や情報ニーズに応えるサービスが求められるだろう。

とはいうものの、昨今の図書館で耳にする「お客様」という呼称には少し気をつけたいと思う。「客」という言葉には、「訪れる人」「招かれる人」という意味以外に「料金を払う利用者」という意味がある。言い換えれば「消費者」ということになる。図書館に「訪れる人」を客としてもてなすホスピタリティーは大切である。しかし、住民は同時に地方自治では「自治の担い手」であり、地方政府そして日本国の主権者である。決して「お客様」ではなく「当事者」であり、図書館行政についても、主権者としてその政策に関わりをもつ権利と義務をもっている。

納税の対価として行政サービスを享受しているのだから「お客様」ではないか、という主張もあるだろう。その主張を全面否定するつもりはない。ただ、「言葉」は「行動」につながると言われる。[53]「お客様」という言葉を使い続けることで、あるいは住民が「お客様」と呼ばれ続けることで、図書館サービスを「提供する側」と「提供される側」という役割が固定化し、そこに生じる交渉はクレームか、あるいは「利用しない」という態度だけになってしまう。

しかし、前述したように、自治事務の企画、立案、執行は、官の専売特許ではない。住民が選んだ首長、議会による政策決定を基調に、住民が自治の担い手として直接・間接に意見を述べたり政策形成に携わったりということが地方自治には期待されている。

図書館員が、「サービス提供者」という立場を超えて、まだ利用していない住民をも対象とした図書館施策を志向すれば、政策形成に幅広い住民の声を求めることになるだろう。また、そうした図書館の態度によって、住民の図書館に対する見方も変わるのではないだろうか。

昨今の消費者主義の広がりがもたらした好ましくない影響は、とりわけ教育の現場に暗い影を落としている。納税によって教育サービスを購入しているという意識が保護者に蔓延し、子どもの生育や学力、果ては子ども同士のトラブルまでが学校の「契約不履行」として指弾される。

子どもを育てることも、自分自身が学び社会的な成長を遂げることも、また教育機関をよりよいものに育てることも、住民は一人の人間として当事者でなければならない。
映画作家の想田和弘は、『日本人は民主主義を捨てたがっているのか？』のなかで、昨今の日本国民の政治への無関心さを「消費者民主主義」という言葉で説明し、主権者としての責任を果たさないことは、結果として主権者としての立場を無効化させることになると警告している。(54)「当事者性」をそれぞれの立場で持ち合うために、「お客様」という呼称には禁欲的でありたい。

注
(1) 一九七八年に開館した日野市立市政図書室は市民、議会、市職員を主な対象にして地域行政情報の提供を始めたという点で、まさにまちづくりに役立つ図書館を具現化した嚆矢である。しかし、市政情報の提供サービスは、八〇年代の公共図書館のスタンダードとはならなかった事情をしっかりと検証しなくてはならない。
(2) 筆者は、以下の書籍によって「まち育て」という言葉になじんだ。延藤安弘『「まち育て」を育む——対話と協働のデザイン』東京大学出版会、二〇〇一年
(3) 佐々木信夫『地方は変われるか——ポスト市町村合併』(ちくま新書)、筑摩書房、二〇〇四年、五七ページ
(4) 「国民・住民投票を活かす会」(http://www.geocities.co.jp/WallStreet/1412/rd/news51.html)［二〇〇七年九月一日アクセス。現在はリンク切れ］
(5) 例えば、千葉県白井市の例（「幻となった北総市構想」「印西Fever」〔https://inzai.fever.jp/247/〕［二

〇一九年七月二十七日アクセス］)。

(6) 片山善博『市民社会と地方自治』(「叢書21COE-CCC多文化世界における市民意識の動態」第二十二巻)、慶應義塾大学出版会、二〇〇七年、一三ページ

(7) 同書一三ページ

(8) 同書一四ページ

(9) 総務省「「地方公共団体における行政改革の推進のための新たな指針」の策定」(http://www.soumu.go.jp/iken/100512_1.html)［二〇一九年七月二十七日アクセス］

(10) 前掲『市民社会と地方自治』二三ページ

(11) 前掲『地方は変われるか』一九八ページ

(12) 今川晃「参加・協働型行政と自治体のアカウンタビリティ」、今川晃/牛山久仁彦/村上順編『分権時代の地方自治』所収、三省堂、二〇〇七年、八三ページ

(13) 鈴木正明/中川浩明/橋本昌著『図解地方自治法』(「地方自治ブックス」第三巻)、良書普及会、一九九七年、七ページ

(14) 福嶋浩彦「市民自治を理念に地域づくり」「特集 市民と進めるPDCA——〝自治〟〝参加〟から考える公共サービスのPDCA」、公職研編「地方自治職員研修」二〇〇七年七月号、公職研、二ページ

(15) 地方制度調査会「今後の地方自治制度のあり方に関する答申」(http://warp.da.ndl.go.jp/info:ndljp/pid/1278205/www.city.toyama.jp/etc/union/tgpi/conference/conf08/pdf/doc05.pdf)［二〇一九年七月二十八日アクセス］

(16) 松下圭一「市民自治」、見田宗介/栗原彬/田中義久編『社会学事典』所収、弘文堂、一九八八年、三八四ページ

(17) 寄本勝美「市民自治」『現代用語の基礎知識 2004』所収、自由国民社、二〇〇四年、三七四ページ
(18) 生活圏については、地方政府の管轄領域を超えた市民セクターとの協治という考え方が台頭している。この議論については、間島正秀「新しい『住民自治組織』――近隣自治政府の設計」(神野直彦/澤井安勇編著『ソーシャル・ガバナンス――新しい分権・市民社会の構図』所収、東洋経済新報社、二〇〇四年) 一五九ページを参照。
(19) 地域資料の概念については、図書館用語辞典編集委員会編『最新図書館用語大辞典』(柏書房、二〇〇四年) 三一四ページを参照。
(20) 佐野眞一編『宮本常一――旅する民俗学者 増補新版』(KAWADE道の手帖)、河出書房新社、二〇一三年、一一ページ
(21) 一方を追求すれば他方を犠牲にせざるをえないという状態・関係のこと。
(22) 新村出編『広辞苑 第七版』岩波書店、二〇一八年、五七九ページ
(23) 発達障害児での二次障害には、適切な治療を受けられない場合、自己評価の低下・欠如からうつ病、ひきこもりや不登校などに至り、暴力などの行為障害を併発する場合もある。
(24)『コミュニティ機能再生とソーシャル・キャピタルに関する研究――調査報告書』日本総合研究所、二〇〇五年、二七ページ
(25) 同書三四ページ
(26) 例えば総務省ではコミュニティ研究会を発足させ、地域のセーフティ・ネットの維持・強化、地域の活力の維持・向上を目的に有識者による検討をおこなっている(総務省「「コミュニティ研究会」の発足」〔http://www.soumu.go.jp/s-news/2007/070201_1.html〕[二〇〇七年九月一日アクセス])。

(27)ロバート・D・パットナム『哲学する民主主義——伝統と改革の市民的構造』河田潤一訳(叢書「世界認識の最前線」)、NTT出版、二〇〇一年、二〇〇—二二〇ページ
(28)山内直人「ソーシャルキャピタルとNPO・市民活動」、企画広報課編「NIRA政策研究」二〇〇五年六月号、総合研究開発機構、一六ページ
(29)同論文一六ページ
(30)前掲『コミュニティ機能再生とソーシャル・キャピタルに関する研究』五ページ
(31)『ソーシャル・キャピタル——豊かな人間関係と市民活動の好循環を求めて』日本総合研究所、二〇〇三年、三三—三九ページ。当該資料によると、郵送とウェブによるアンケート調査によって、ソーシャル・キャピタルの定量分析を試みている。パットナムによって示された「ネットワーク」「信頼」「規範」の三つの切り口を踏まえ、ソーシャル・キャピタルの構成要素として、「ネットワーク」に対応するものとして近隣での付き合いや社会的な交流を捉えた「つきあい・交流」の要素、他人に対する一般的な信頼と特定の人を対象とした相互信頼・相互扶助を捉えた「信頼」の要素、「規範」のうち、互酬性の規範のあらわれとして社会的活動への参加を捉えた「社会参加」の三つの要素を設定している。そして、ソーシャル・キャピタルの構成要素と、実際に個人によっておこなわれる市民活動がどのような関係にあるかを分析するというアプローチをとっている。例えば、地域でボランティア活動をおこなっていると回答する人が、近隣との付き合いをどのように考えているかという、実際の個人の活動とソーシャル・キャピタル構成要素との相関性からソーシャル・キャピタル指標を導き出している。
(32)前掲「ソーシャルキャピタルとNPO・市民活動」一七—一八ページ
(33)前掲『ソーシャル・キャピタル』三三—七二ページ
(34)前掲「ソーシャルキャピタルとNPO・市民活動」二〇ページ

(35) 前掲『コミュニティ機能再生とソーシャル・キャピタルに関する研究』六ページ
(36) 現在の公共空間での新たな行政と公務員のあり方については、スティーブン・ゴールドスミス／ウィリアム・D・エッガース『ネットワークによるガバナンス――公共セクターの新しいかたち』（城山英明／奥村裕一／高木聡一郎監訳、学陽書房、二〇〇六年）を参照。
(37) 同書二〇―二二ページ
(38) 宮川公男／大守隆編『ソーシャル・キャピタル――現代経済社会のガバナンスの基礎』東洋経済新報社、二〇〇四年、四七ページ
(39) 同書四八ページ
(40) 前掲「参加・協働型行政と自治体のアカウンタビリティ」七八―八二ページ
(41) 同論文八一ページ
(42) 片山善博／糸賀雅児「地域社会の経営と図書館政策」『図書館による課題解決支援サービスの動向――地域を支える公共図書館』（AVCCライブラリーレポート）、高度映像情報センター、二〇〇七年、五―六ページ。片山は、合併議論が盛んな折、住民がその是非を問うために役所に行っても合併推進に関する資料しか提供されないことを指摘し、本来は、海外の事例なども交えた批判的なものを含んだ情報が図書館で広く公開されるべきだと主張している。
(43) 前掲「参加・協働型行政と自治体のアカウンタビリティ」八二ページ
(44) 大守隆「ソーシャル・キャピタルの経済的影響」、前掲『ソーシャル・キャピタル』所収、一二〇ページ
(45) 前掲『コミュニティ機能再生とソーシャル・キャピタルに関する研究』六ページ
(46) 図書館で、特定のテーマに関する文献や情報の探し方・調べ方を提供するツール。

(47)「草の根自治とは、自分たちの地域のことは自分たちで決める、いわば「一緒にやりましょう、一緒に考えましょう」ということ」(「広報誌滋賀プラスワン」二〇一四年九月一日付、「対話と共感、そして協働で 草の根自治を発展させる」での三日月大造滋賀県知事のコメント〔https://www.pref.shiga.lg.jp/kensei/koho/kohoshi/18100.html〕〔二〇一九年八月三十一日アクセス〕)。

(48)文部科学省「図書館の設置及び運営上の望ましい基準」(http://www.mext.go.jp/a_menu/01_l/08052911/1282451.htm)〔二〇一九年八月三十一日アクセス〕

(49)日本図書館協会「公立図書館の設置及び運営上の望ましい基準について(報告)」(http://www.jla.or.jp/library/gudeline/tabid/235/Default.aspx)〔二〇一九年八月三十一日アクセス〕

(50)二〇〇七年三月四日、阿部圭宏さんにおこなったインタビューでの発言を要約。

(51)アリステア・ブラック/デーブ・マディマン『コミュニティのための図書館』根本彰/三浦太郎訳、東京大学出版会、二〇〇四年、五〇ページ

(52)吉田右子『メディアとしての図書館——アメリカ公共図書館論の展開』日本図書館協会、二〇〇四年、一一四ページ

(53)エマーソンの「随筆集」に、「ことばと行動は、神の力のまったく異なったモードである。ことばも行動であり、行動もことばの一種である」という名言がある。梶山健編著『世界名言大辞典』明治書院、二〇一八年、三八四ページ

(54)想田和弘『日本人は民主主義を捨てたがっているのか?』(「岩波ブックレット」第八百八十五巻)、岩波書店、二〇一三年

第5章　図書館と蔵書づくり

1──図書館ではどのようにして本が選ばれているか

本章はこれまでと違って、図書館での実務、しかも選書と蔵書づくりについてつづりたい。図書館の舞台裏に興味がある読者には関心をもって読んでもらえるかもしれないが、ややマニアックな内容も含んでいるのでご容赦願いたい。ただ、後半は図書館の蔵書づくりを「政策」の一環と捉え、その理念をめぐる様々な論争も紹介している。政策としての蔵書づくり、選書とはどのような意味があるのか、「まち育て」という観点からも考え、図書館の仕事を重層的に描こうと試みた。

◆──出版世界から図書館の蔵書世界へ

図書館では、どのようにして本が選ばれているのかという議論の前に、まずは、そもそも図書館の本を選ぶとはどのようなことなのかについて触れておきたい。

出版業界という産業が生み出す商材である書籍を、教育文化機関である図書館がその活動を成立させるための公共財産として選択収集し、保存・提供する資料の蓄積が図書館の蔵書である。

年間八万点近くの出版物から、それぞれのまちの図書館が、「土地の事情及び一般公衆の希望に沿い」（図書館法第三条）図書館の蔵書を選定する。まずは、図書館の蔵書とはどのようなものか、また、どのように構築されていくものか、系統立てて考えてみたい。

◆――図書館蔵書とは

図書館蔵書とは、図書館資料によって構成される資源の集合体とされている。それは、図書、雑誌、新聞、視聴覚資料（フィルム、ビデオ、ＤＶＤ、レコード、ＣＤ）、冊子資料、パンフレット、リーフレット、電子媒体情報（ＣＤ－ＲＯＭなど）などが想定されている。

なお、図書館が契約するオンラインデータベースはアクセス権の利用契約であり、図書館が主体的に収集・保存するものとは異なるので、図書館資料とは見なされていない。今後、電子書籍などのような契約形態で普及していくのかによるが、現在わずかながら提供されているサービスを見るかぎり、図書館資料と見なすかどうか微妙なところである。以後は、図書館で収集・提供・保存する媒体が多様であることから、蔵書をコレクションと言い換えて表現する。

◆——コレクションづくりとは

文字どおり、図書館資料群を構築することを指す。図書館のコレクションを、資料選定（図書選択）という営為の連続の「結果」と考えるか、あるいは「成果」として評価するか、という二つの見方がある。

つまり、結果としてのコレクションは、利用者要求の忖度、リクエスト、話題の出版物などをもとに資料選定した結果としてのコレクションの状態のことを意味する。一方、成果としてのコレクション（Collection Building）は、利用者要求も踏まえながら、諸要件によってコレクションを組織的・意識的に形成した状態のことを意味する。

コレクション構築を、そのつどの事象に対応した結果として評価するのか、あるいは一定の構成的意図の成果として評価するのか、図書館活動の評価視点の置き方によってコレクション構築の営為も異なってくることがわかる。

このことは、図書館界で議論となる資料選定での「要求論」と「価値論」あるいは「目的論」とも呼応する。「要求論」では、あくまで資料の選定は利用者のニーズを満たすことを基本におこなうため、図書館があらかじめコレクション構築での諸要件を設定することは理論的にはありえない。必然的に、収集されたコレクションはニーズへの応答の「結果」として構成されることになる。

一方、「価値論」では、資料の個別的評価ないしは資料の相互関連を踏まえて収集するので、構築された資料群はまさにその意図の「成果」として現れる。

「目的論」は、資料の選択と蔵書構築を社会的な課題の解決や設置母体である自治体の政策を実現させるために役立つものとしておこなおうとするものである。「目的論」では、利用者一人ひとりのニーズを満たすことも図書館の目的としながらも、そのことを最重視するのではなく、また、資料そのものの評価に重点を置くものでもない。図書館資料は何のために生かされるべきなのかという観点に立って資料選択と蔵書構築をおこない、図書館の政策を実現させようとする選書論なのである。

利用者の要求に立脚することも資料の価値を吟味することも、両方とも必要な要素ではないかというところではある。現実的には対立概念ではないが、貸出冊数を増やすという図書館指標の前では、要求論が優勢だったように思う。その意味では、「目的論」の登場は両者のバランスを課題としながら、そもそも図書館のコレクションは何のために形成されるのかという論点を提示した点で、「結果」と「成果」を昇華させたオルタナティブとしての存在感を示すことになった。

実際にこうした考えによる論争があったこととそもそもこうした概念自体を認識もしない選書実態があり、選書をいかに充実させ、当該図書館にとってよりよいコレクションを作るにはどうすべきかが司書研修のテーマになり続けている。

◆――コレクションの構成要素

図書館のコレクションをいくつかの属性に分けて整理してみる。コレクションをめぐる議論ではこれらの要素が必然的に絡み合うわけだが、必要に応じて属性を意識して議論を整理する必要がある。

①種別蔵書構成

図書館の目的や図書の目的を区分原理とする。

児童書、入門書、実用書、概説書、学術書、研究資料など。

②主題別蔵書構成

主題分類を区分原理とする。

日本十進分類法（ＮＤＣ）の分類ごとの蔵書冊数、比率の諸相。

③形態別資料構成

資料の形態を区分原理とする。

図書資料、非図書資料（パンフレット、逐次刊行物、地図、フィルム、スライド、マイクロ資料、録音資料）

◆――コレクション構築に勘案されるべき条件の諸相

図書館のコレクションづくりは、図書やその他の資料の属性に加え、コレクションを提供するサービス対象、あるいは対象を取り巻く環境についても十分に理解し、その関連性に基づいて検討する必要がある。以下では、その諸相を例示してみる。

①利用者の諸相（対象者のセグメント）[1]

・年齢区分

児童→乳幼児、幼児、小学生、中学生、高校生、十代青少年、勤労青少年

成人→若年層、中年層、壮年層、前期高齢者、後期高齢者

・職業属性

無職、自営業、事務職、営業職、技術職、職人、サービス業、医療職、看護職、介護職、教職、農林水産職、家事職、その他の専門職

・個人特性

健常者、障がい者（身体、精神、発達）とその家族、難病罹患者とその家族、生活困窮者、多様な性の当事者

・その他の属性

外国人、留学生

②地域社会の属性

・地理的属性

都市部、近郊部、田園地域、中山間地域、山間部

・産業的属性

農林水産地域、製造業地域、商業地域、住宅地域

・地域歴史属性

古くからの居住地（城下町、門前町）、戦後開発された居住地、合併自治体、非合併自治体

・自治体政策的属性

自治体総合計画、福祉施策、教育文化施策、産業経済施策

◆――コレクション形成にかかる法的側面

図書館のコレクションづくりに際しては、運営主体や活動を規定する法的な諸条件も重要な検討事項になる。公立図書館では図書館法第二条、学校図書館については学校図書館法第二条、大学図書館については大学設置基準第三十八条に、それぞれ資料収集についての規定を記している。また、「公立図書館の設置及び運営上の望ましい基準」[2]では、市町村立図書館と都道府県立図書館の資料収集での留意事項を明記している。

法令とは異なるが、国内すべての図書館の職能団体である日本図書館協会が、「図書館の自由に関する宣言」（一九五四年採択、七九年改訂）と「図書館員の倫理綱領」（一九八〇年六月四日総会決議）という倫理規定によって、種々の図書館の資料提供についての留意事項を提起している。例えば、「図書館の自由に関する宣言」では、第一に「図書館は資料収集の自由を有する」をあげ、「1．図書館は、国民の知る自由を保障する機関として、国民のあらゆる資料要求にこたえなければならない。2．図書館は、自らの責任において作成した収集方針にもとづき資料の選択および収集を行う」。

また、次のような事項を明記している。

（1）多様な、対立する意見のある問題については、それぞれの観点に立つ資料を幅広く収集する。

（2）著者の思想的、宗教的、党派的立場にとらわれて、その著作を排除することはしない。

（3）図書館員の個人的な関心や好みによって選択をしない。

（4）個人・組織・団体からの圧力や干渉によって収集の自由を放棄したり、紛糾をおそれて自己規制したりはしない。

（5）寄贈資料の受入にあたっても同様である。図書館の収集した資料がどのような思想や主張をもっていようとも、それを図書館および図書館員が支持することを意味するものではない。(3)

さらに、「図書館員の倫理綱領」では、「資料に関する責任」として次のような倫理規定を明記している。

第4　図書館員は図書館の自由を守り、資料の収集、保存および提供につとめる。

第5　図書館員は常に資料を知ることにつとめる。

第12　図書館員は、読者の立場に立って出版文化の発展に寄与するようつとめる。(4)

①選書手段から見た場合

・見計らい選書

書店や取次店（本の問屋）から選定用の見本新刊図書が図書館に届いて、現物を見ながら購入図書の選定をする方法である。現物で確認できるので、内容確認の精度が高まる一方、選定にふさわしい図書ばかりが届くわけではないので、返品による輸送コストが無駄になるという短所がある。また、一般に取引量（図書購入予算）が少ないほど、送付される図書タイトルも少なくなる傾向があり、場合によっては取次店から見計らい自体に応じてもらえないケースもある。したがって見計らい選書は、選書業務の一部を担うにすぎない。

見計らい選書では、担当職員が定期的に見計らい図書を前に、合議しながら購入を決定する場合と、色分けしたしおり状のメモを購入候補の図書に挟み込んで、例えば二票以上メモがあれば購入を決定、一票の場合は個別協議、保留または非購入とするなど、合議の機会をもたずに購入を決定するケースがある。

・リスト選書

書籍の取次店が編集・発刊する新刊リストから購入図書を選定する方法である。週単位（取次店によっては日単位）で出版された新刊図書の書誌事項[5]を、NDCの分類順に配列編集したものから本を選ぶ。昨今は、書影が印刷されていたり、解題（本の内容を紹介した解説文）や著者紹介も記載されたリストを発行している。見計らいのように一部の新刊図書からの選定ではなく、当該週に出版されたタイトルを網羅したリストから選定するので、幅広い出版物に目を通せる半面、現物による見計らい選書ほど内容確認の精度が高くなく、確信をもてない場合は購入を見送ることも生じる。

リスト選書の場合も見計らい選書同様、定期的に選書会議を設けて購入候補について選定者が説明し合議で購入を決定する場合と、リストを回覧して、購入候補があれば無条件で発注するケースや、二票以上の得票があれば発注し、一票の場合は保留または非購入とするなど、合議の機会をもたずにおこなうケースがある。

・現地現物選書

ここで言う「現地」とは、取次店の集配倉庫や大型の書店を指す。図書館職員が取次店や書店の協力を得て直接、それぞれの書架から「現物」を選んで購入を決定する方法である。場合によっては、ポータブル端末機で現物のＩＳＢＮ[6]を読み取って選定候補とし、後日、自館蔵書データとの重複チェックをかけた後に正式発注するというケースもある。

また、取次店が開催するいわゆるブックフェアという「見本市」で選書する場合もある。取次店あるいは別の会場でおこなわれる見本市で、現物を見ながら選定候補の書籍スリップを抜き取って、自館蔵書との重複チェック後に発注する。

・その他の選書方法

リスト選書で用いられる新刊案内以外の選定ツールとしては、各出版社が発行する新刊案内や「週刊読書人」や「図書新聞」といった書評紙、新聞書評や出版広告、ネット上の新刊情報などがあり、これらも参考にして資料選定をしている。

また、ある取次店では「ベル」システムというサービスがあり、出版社やジャンルなどで構成されたグループをあらかじめ登録しておくと、発注しなくても図書を確保し納品してくれる。売れ筋の文芸書や実用書などが確実に、しかも早く届くメリットがある半面、基本的にはタイトルごとに個別に資料を選べるわけではないので、期待外れな、あるいは必ずしも必要度が高くない図書を購入することも起こりうる。また、同取次店が提供する「新継続」というサービスはシリーズもの、叢書もの単位で購入を申し込むことができ、発注しなくても発行されれば納品してくれる。

②図書館体制から見た場合

・単独図書館

一つの自治体で一つの図書館を運営している場合は、基本的に全職員で選書に関わる場合が多いと思われる。児童書担当や一般書担当などの分担があったり、場合によっては正規職員以外の立場の職員は選書に関われないという場合もありうるが、単独館の場合、職員数がそれほど多くなかったり、物理的に一つの館で仕事をしていたりすることから、合意形成がとりやすく、全員が選書に関わりやすい体制と言える。

もちろん、例外もある。一自治体一館でも、人口が多く図書館規模も大きければ、職員数も多く、雇用条件も様々で、全員が選書に参画することは難しくなる場合もある。

・複数館図書館

複数の図書館を有する自治体の場合は、それぞれにいろいろな選書方法が存在する。複数館とひと口に言っても、東京二十三区や政令指定都市のように一館あたりの蔵書が二十万冊を超える地域図書館を複数館有するような自治体と、人口十万人から三十万人程度の市とでは、域内図書館数や職員数にも大きな違いがあり、合意形成にかかるコストも異なることから、選書のやり方はおのずと異なってくる。

例えば、域内図書館がそれぞれ個別に選書をする「各館選書」というケースと、中央図書館が域内図書館の選書をすべておこなう「集中選書」というケースに分かれる。なお、複数館での選書についても、単独図書館で述べたような児童、一般、レファレンスなど対象部門ごとに選書を独立しておこなっている場合もある。

◆――資料選定の独立性

図書館が本を選ぶ前提として、まずは、国民の知る権利や学習する権利の保障という大きな価値が担保されているかが最初に問われることになる。そのような価値が損なわれる事態とはどのようなケースだろうか。

例えば、二〇一二年に島根県松江市の学校図書館で、同市教育委員会事務局の要請によって『はだしのゲン』(7)が本棚から除架されるという事件があった。その後、この要請は教育委員の総意ではなく、教育委員会事務局が、ある市民から除架を要請する議会陳情が提出され、これは不採択になったものの、議論の際に出た議員意見を忖度したものであることが判明し、教育委員の検討によって書架に戻された。

これはすでに蔵書があった資料の提供の問題だが、選ばれた資料を提供しないという「選択」こそが、国民の知る権利や学習する権利の保障という大きな価値に影響を及ぼすことになる。

あるいは、神戸連続児童殺傷事件（一九九七年）の犯人である少年Aが執筆した『絶歌』[8]の提供をめぐって、そもそも選定・購入しないという立場の図書館や、購入するが提供に制限を設けるなどの対応をする図書館が出て物議を醸したことがある。

少年事件の実名報道もそうだが、出版によって社会的不利益や精神的苦痛を被ることを理由に、差し止めや回収を当事者が求めた場合に、図書館はどう対処すべきだろうか。

「知る権利」と表裏一体である「表現の自由」は、いずれも基本的人権の尊重という大きな憲法の価値に基づいている。基本的人権が損なわれるような事態が予測できる場合、その表現は慎重であるべきだ。

しかし、公に出版することは「表現の自由」の発露という社会的な営為であり、出版物を読みたいとする市民の要望を図書館が一方的に切って捨てることは、「資料提供の自由」の放棄、つまり国民の「知る権利」を否定することにほかならない。

図書館が、図書館独自の判断で要望がある資料の選択や提供を否定すべきではない理由は、もう一つある。それは、そもそも提供を拒むことを正当化する法的理由がないからである。

相互貸借でしか提供できない資料要求がたびたび繰り返され、業務に支障をきたすとして提供を断った図書館の対応が争点になった大阪府熊取町立図書館事件では、大阪地裁が「利用者に貸し出すかどうかは、その判断につき館長の自由裁量に委ねられているものではなく、図書館法その他の法令規定に基づいて決せられる必要があり、正当な理由がなく利用者の上記（相互貸借）申込みを拒否するときは、利用者の上記人格権を侵害するものとして国家賠償法上違法となる。本件拒否処分には、正当な理由があるものと認めることができず、国家賠償法上違法の評価を免れない」と断じている（括弧は筆者補足。のちに町が控訴するも高裁で和解）。

つまり、例えばある殺人事件に関する本の要望があり、遺族感情をおもんぱかって提供を拒否した場合に、貸出希望者が訴訟に出れば、これまでの判例では違法行為と評価される可能性が大きい。

仮に、被害者が出版社に対して人権侵害を理由に出版差し止めと回収を訴えて勝訴したとしても、公開自体を否とする判決でないかぎり、図書館での提供を制限する「正当な理由」とまでは評価できない。図書館が提供を拒む事例として、日本図書館協会の「図書館の自由に関する宣言」では、出版物の卑猥性が判例で確定した場合は、公開自体を否とする判決であり提供を制限することはやむをえないと解説している。

ある出版物に対する評価は多様だ。いずれも自身の正当性・公正性を主張して、場合によっては出版自体を否定する見解を出すこともある。しかし、それを受けて出版物がいちいち隠蔽されてしまったら、その主張の妥当性自体を検証する機会をなくしてしまうことになる。

図書館が、公的機関として出版物を選定すること、そして所蔵し、保存し、提供することは、国民の知る権利と表現の自由に密接に関わっていることを、市民一人ひとりにも理解してもらえるような取り組みが必要だろう。

公共図書館で図書を選択するということは、このように非常に重たい営みなのである。

2——選書をめぐる論争

◆——選書の何が問題にされたのか

選書は、「図書館をどのようなものとして捉えるか」という、図書館思想を体現する営為だと論じられることがよくある。選書に関する議論は、つまりは「どんな図書館を作り、経営するのか」という思想と経営論を抜きには成立しないものだからだ。

戦後の公共図書館づくりは、戦時の図書館が、「国家の思想善導に加担した」という反省を踏まえ、一九四七年五月三日に施行された新憲法が目指す民主主義社会の建設に寄与するものとして始まった。敗戦の年から五年を経て制定された図書館法（一九五〇年）には、その目的が以下のようにつづられている。

第1条　この法律は、社会教育法（昭和二十四年法律第二百七号）の精神に基き、図書館の設置及び運営に関して必要な事項を定め、その健全な発達を図り、もつて国民の教育と文化の発展に寄与することを目的とする。（一九五五年制定）

社会教育法は教育基本法の任務を明らかにするものとして、そして教育基本法は日本国憲法の精神にのっとって制定されている。「日本国憲法三大要素」としての「国民主権」「基本的人権の尊重」「平和主義」の実現と整合するかたちで、図書館法は成り立っている。

しかし、図書館法の制定によって日本の公共図書館が直ちに国民にとって身近な社会教育施設になったかというと、残念ながらそうではなかった。都道府県立図書館に代表される中央図書館論、つまり大図書館の整備が図書館政策でまず優先され、市町村立図書館を整備し、身近な読書と学びの環境整備を展開することにはならなかった。いまではちょっと信じられないかもしれないが、戦後の公共図書館でも、入館料を徴収したり、貸出利用登録をするのに保証人を求めるケースが珍しくなかった。

こうした時代の図書館には、利用者の要求を聞き、それに応えた選書をするといった常識はまだなかった。現在のような公共図書館のモデルが登場するのは一九六〇年代後半になってからのことである。

◆―資料提供こそが図書館の使命

前述のような道筋をたどったこともあって、公共図書館は国民に開かれたものとして、「利用者が求める資料」をまずは提供することがその使命であり、それ以上でもそれ以下でもない、というポリシーが多くの図書館員に共有された。

こうした図書館運動を駆動したのが、一九六三年に公刊された『中小都市における公共図書館の運営』[9]の理念と政策であり、これを体現した東京都日野市立図書館の活動とその活動を生き生きと活写した一九七〇年の『市民の図書館』という実践書だった。

一九七〇年代の公共図書館の国民一人あたりの貸出冊数は、一冊を切っていた（現在は、約五・四冊）。『市民の図書館』では、「われわれは、少なくとも日本の市立図書館が平均で人口の二倍の貸出しをするまで、そしてわれわれ自身の図書館がこの平均より高いサービスをするまで、質だ量だという議論はやめようではないか[10]」と呼びかけている。『中小都市における公共図書館の運営』が公表され、その理念に基づく運営をしていた日野市立図書館など東京都多摩地区の図書館活動に対しては、すでに貸出を重視したサービスへの異論が起こり始めていた。

こうした住民に開かれた貸出図書館の成功は、高度経済成長期のインフラ整備が落ち着いた時期と重なって、図書館整備への追い風を受けて貸出を重視した図書館づくりはさらに展開されることになった。

一九八〇年代には市区の図書館設置率は八〇パーセントを超え、バブル景気を受けて町村立図書館の整備も進展していった。

一方で、このような流れと同時に日本専売公社、日本国有鉄道および日本電信電話公社の三公社を民営化させた中曽根康弘内閣によるいわゆる構造改革が進行した。一九九〇年代になると、東京では公共図書館の窓口業務を民間委託する動きが出てくることになる。

とはいえ、住民による公共図書館設置運動は大都会で成功したあと地方に広がりを見せ、『市民の図書館』を教科書とする図書館経営はまだまだ有効だった。その典型例となるのが滋賀県の図書館だった。

一九八〇年代から、日野市立図書館長だった前川恒雄を県立図書館長として迎えて当時、図書館設置率が下から二番目だった滋賀県内の図書館振興をおこない、いまでは県民一人あたりの貸出冊数が全国トップクラスという実績を長年続けている。

このように一九九〇年代の後半になっても、公共図書館の価値の裏付けとして貸出冊数を重視する図書館経営は自明視されていて、より利用される図書をより多く選択することが最も適切な選書であるという評価軸が支配的だった。それは戦前の図書館が、国民が求めもしない本を「啓蒙的」に提供していたという記憶が、いまだ色あせず図書館員にあったからだった。

住民が求める利用される資料を収集し提供することは、ごく当たり前のことだった。そして、それは現在も決して間違ってはいない。しかし、課題は残っていた。

◆――読まれない本は本ではない？

二〇〇〇年以後、小泉純一郎内閣による構造改革路線は、公設公営の公共施設運営という規定路線から大きく舵を切った。「民でできることは民で」というスローガンのもと公共サービスの民営化が始まり、〇三年九月施行の地方自治法の一部改正によって「指定管理者制度」による「公の施設」の運営が可能になるに至った。そしてその流れは現在まで続いている。

何のために、何をするために公共施設あるいは公共サービスはあるのかという本質的な議論を抜きに、既得権益を破壊するという旗印のもと、あらゆる社会構造をいわゆるニュー・パブリック・

マネジメント（NPM）の価値観と手法で改革することが最も重要な国家課題になった。それは総務省を通して地方自治体にも容赦なく迫られることになった。

公務員司書が住民との良好な関係のなかで、求めに応じて図書館資料を提供することによって民主主義社会の建設に寄与するという理想は、その経営基盤のあり方から根こそぎ否定され、民間による効率的で功利的な公共サービスを展開することが、クールな地方行政の管理手法として静かに広がっていった。

同時期に、こうした政策マターとは別の文脈で、公共図書館の現状と今後の展望について象徴的な論説が発表された。「図書館雑誌」に掲載された編集者・津野海太郎による「市民図書館という理想のゆくえ」がそれだ。少し長いが、津野の論旨を以下にまとめてみる。


七〇年代の市民図書館運動によって、図書館は市民の読書要求を支える存在となった。しかし、市民の求める本を提供する姿勢は「読まれない本は本ではない」という主張を生み出した。しかし、「読まれない本は本ではない」という主張は、苛烈な競争原理に基づいて「いますぐ売れる本」だけを再優先する本の商業主義、「売れない本は本ではない」という市場至上主義を支える主張にもなりうる。こうした商品としての本の生命はみじかい。他方、公共財としての本の生命はながい。そして公共財としての本の生命を維持するのが、税金で賄われる公共機関としての図書館の使命ではないか。その図書館までもが、「読まれない本は本ではない」という主張の正しさにたてこもっていると、本の文化の多様性は失われるのではないか。また、一方で図書館は、市場で「売れない本」が電子化されていく動きや、ニーズが高いはずのマンガについては冷淡なままである。「親切な無料貸本屋さん」という暴言をあえてするのは、あたらしい市民図書館像をかためて、それを積極的に外の世界にアピールしてゆかないと、図書館は国や行政の冷酷なあしらいから身を守ることすらできなくなってしまうのではないかという思いからである。[11]

この記事は、当然多くの公共図書館員からの批判に晒された。なかには、図書館員の職能集団である日本図書館協会の機関誌が図書館に否定的なこのような論文を掲載すること自体を批判する論評もあった。

しかし、日本の公共図書館が「読まれない本は本ではない」として、読まれる本ばかりを購入していたかどうかはさておき、自らの機能を外部にアピールしないという図書館の内向的な姿勢への危惧は、このときの時代状況を捉えた的確なものだったと思う。

◆何のための選書か

さて、ここに及んでようやく公共図書館は何のために存在するのか、そして、その選書は何のためになされるのか、という問いが立ち上がった。

一九七〇年代以降、公共図書館の成功から続く図書館の台頭のなかにあって、私自身が八七年からその当事者となった実感をもってしても、やはり貸出冊数が多いことが公共図書館の価値において最も重要な成果指標だったことは否定できない。

読者のなかに図書館員がいたら、ぜひお尋ねしたい。選書会議でつぶやかれたであろう次のようなフレーズに心当たりはないだろうか。

「いい本なんだけど、出ないしな……」

本としての価値を認めながら、貸出に出ない本は選書から漏れるのである。なぜなら、図書館の価値を左右する貸出統計に貢献しないからだ。財政が豊かで資料費が豊富にある基礎自治体あるいは都道府県立図書館には当てはまらないエピソードかもしれない。『市民の図書館』をお手本にした多くの公共図書館で、こうしたつぶやきは日常茶飯事だったはずだ。

図書館法に定められた「国民の教育と文化の発展に寄与する」ためには、主題分野も難易度も多様な資料が用意されていなければならないだろう。それなのに、蔵書を構成する選定基準の決して小さくはない要素に「出るか出ないか」という価値判断があり、議論はそこで停止している。「どうしたら出るか」という方法論には議論が広がらなかった。何のためにこの本が必要で、この本は不必要かという議論は、「貸出に出るから必要」という自明の理が潜在的にあり、「何のために」は深く議論されることはなかったのだ。

これが、私の一九八七年から二〇〇〇年手前ぐらいまで、約十年間の現場の司書としての実感である。

◆──誰のための選書か

誤解がないように付け加えれば、利用される本を選定することはきわめて重要だ。図書館あるいは図書館員の見えで、利用見込みや当該自治体での必要性を問わず、主題分野と難易度の多様性を確保するためだけに選書をすることは適切ではない。

しかし同時に、当該自治体での必要性や、主題分野と難易度の多様性確保などの検討をおこなわずに利用見込みだけで選書をすることが、全面的に正しいとは思わない。

ここで今度は、「誰のための選書か」という問いが立ち上がる。

利用されている資料をベースに新たな資料を選んでいると、その主題範囲を超えることは容易ではない。いま、図書館に来ていない住民、来ているけれど需要が顕在化していない分野の資料は、図書館サイドが何らかのはたらきかけによって資料を選ばなければ、永遠に蔵書に加えられることはないだろう。

「いま、利用している人だけのための図書館」でいいかどうか、が問われるのだ。インドの図書館学博士のランガナタンは、「図書館学の五法則」の第二法則に、「いずれの人にもすべて、その人の本を。(Every reader His or Her book)」と主張した。[12]

当該自治体が運営する公共図書館が、その住民全員を「いずれの人にもすべて」に当てはまると考えるならば、来館者をベースにした「利用される本」だけを選書基準においたのでは、仕事としては不十分と言わざるをえない。

◆——選書をめぐる論争——津野論文が開いた本質的な選書論争

前述した津野の批判には、若干の事実誤認も含まれてはいる。これについて日野市立図書館の鬼倉正敏は、多くのニーズがあるベストセラーへの要求を満たすためには複本を購入せざるをえないこと、図書館はベストセラーだけでなく予約などのサービスを広めることで多様な読書ニーズに応えているなどの具体例を示して、図書館が蔵書の多様性の確保に努めていることを主張している。

さて、津野のこの文章に続く公共図書館の選書批判は、矮小化されたものになっていく。林望が「文藝春秋」に発表した「図書館は「無料貸本屋」か」(13)がある。以来、出版社や作家などから図書館バッシングが相次いだ。

しかし、注目したいのは、こうしたいわゆる文化人による公共図書館の「無料貸本屋」論争ではなく、図書館員のなかに古くからある図書館のあり方を踏まえた選書論争のほうである。つまりは、利用者の要求をよりどころとした選書を重視する「要求論」と、図書そのものの評価をよりどころとした選書を重視する「価値論」をめぐる議論である。

こうした論争は、一九六〇年代から『市民の図書館』以降、図書館員や図書館学研究者の間で議論が重ねられてきた。選書の実際を図書館現場から実証的にまとめた好著に『本をどう選ぶか』(14)がある。著者である伊藤昭治は、兵庫県神戸市立図書館での利用分析を素材に、開架資料がどのように利用されるかを精緻に分析し、利用される資料群の特性と利用されない資料群の諸相を描き出した。こうした実証的な分析を踏まえて、図書館の独善的な選書を批判し、要求に応える蔵書構成の重要性を主張している。

例えば、高価な本よりも価格帯が安い本のほうがよく利用されていること、子どもの本のいわゆる良書リストに基づく資料と実際に借りられている資料とにずれがあること、あるいは、あまり利用されない主題とはどのような分野であるかを析出している。ちなみに、ここで「利用される」というのは貸し出される資料のことを示している。

津野論文をきっかけに、図書館に「無料貸本屋」というレッテルを貼り、出版界や著者に経済的損失をもたらしているという批判が展開されたことは誠に残念なことだった。しかし、こうした論争を通して、図書館の蔵書はどのようにあるべきか、あるいは図書館は社会に対してどのような価値や役割を提供すべきかという議論が図書館界にもたらされたことはよかったと思う。

◆――「要求論」と「価値論」の対立から「目的論」へ

選書のあり方をめぐる議論では、河井弘志編『蔵書構成と図書選択』(15)が、要求論と価値論の対立に内在する図書館の目的についての議論を紹介し、単純な要求充足よりも図書館が果たすべき目的を実現させるものとしての選書、蔵書構成の意義を説いている。しかし、では図書館の目的とはどのようなものかについては明確に述べてはいない。

その後、二〇〇〇年代の構造改革路線が明確になるなかで、図書館の意義や政策での重要性をどのようにアピールすべきかという議論が、「課題解決型図書館」論として議論されるようになった。

例えば、雑誌「図書館界」(日本図書館研究会)では二〇〇四年から〇七年の五回にわたって、これまで概観してきたような論争を整理し、これからの図書館のあり方についての議論を喚起する趣旨で、「誌上討論 現代社会において公立図書館の果たすべき役割は何か」[16]を企画、連載した。編集委員会は今般の諸論争を、①『市民の図書館』の歴史的評価、②貸出中心のサービスへの考え方、③資料購入のあり方、の三つに整理し、図書館員や市民、図書館情報学研究者などの議論を紹介した。

この記事では、「貸出」サービスを基調とする『市民の図書館』を支持する論者と、貸出だけでなくレファレンスサービスの充実のために情報フローからストック重視への転換を図り、公共性の原理に即した資料選択によって「地域の情報拠点」として機能させるべく「課題解決型」図書館を目指すべきと主張する論者との白熱した討論が展開された。

根本彰は、図書館未設置地域で最初のサービスをおこなうノウハウとしては『市民の図書館』がきわめて有効であるとしながら、予約や読書案内まで含めた貸出サービスが図書館サービスの中心とすることは、他のサービス発展の可能性を阻害することになると主張している。また、市民の資料要求に対して価値判断をおこなわずに提供する「要求論」は高度経済成長期の消費主義と同じであり、図書館コレクションのあり方は、それらと一線を画した公共的な原則を組み立てたうえで決定すべきだと批判している。[17]

糸賀雅児は、『市民の図書館』が刊行された一九七〇年代初頭では「貸出」に重点を置いた戦略は正しかったとしながらも、「貸出」を重視するあまり『市民の図書館』での「貸出」論が本来目指していたはずの図書館全体への機能の豊かな広がりが実現することなく、司書の専門性が「貸出処理」という作業と同一視されることになったとし、それは司書のはたらきがわかりやすいレファレンスサービスが十分浸透していないことが背景にあると述べている。そのうえで、「地域の情報拠点」として発展するために、図書館資料に様々な付加価値をつけて広範な利用者への情報発信を進めるべきだとし、「課題解決型図書館」の定着のためにも『市民の図書館』から脱却すべきだと主張している[18]。

これに対して田井郁久雄は、「市民が日常生活の問題解決に図書館を使う（レファレンスサービスを受ける）という常識は現在非常に薄い」という『市民の図書館』の記述を紹介し、そうした利用の実現は図書館が貸出によって利用者の身近な存在になることで可能であると述べたうえで、「問題解決のための図書館利用」は、実は貸出そのものによってもなされているという事実を紹介し、その脱却によって「課題解決型図書館」を実現させることが必要であるという論理に疑問を呈している[19]。

また、鈴木由美子は利用者の立場から、リクエスト図書をカウンター越しに見て、市民の関心領域の多様さを知ることはあっても、大衆消費社会的な軽薄さを感じたことはないとし、実証的な研究を呼びかけるとともに、経済状況やその影響下にある行政改革の結果をもとに図書館の施策が方向付けられるなら、図書館学は官僚を神として信奉する宗教になってしまうと批判している[20]。

討論の最終回で編集委員の山口源治郎は、多くの論点や課題が浮かび上がったものの、全体として「貸出サービス」論争にとどまった感があるとして、「「現在社会」をどう捉え、それと公立図書館の関係、そこでの公立図書館の役割、サービスのあり方をどう考えるかといった方向へと討論をさらに深めることが必要ではなかったか[21]」と述べている。

ここに至って、選書論としての「要求論」と「価値論」の対立、そして両者のバランスを踏まえながら、図書館の社会的目的に立脚した「目的論」は、図書館が外部に対していかに機能し、その存在をどのように示していくかという、政策論のレベルで議論されるようになった。

ちなみに、先の伊藤や河井による議論をはじめアメリカでの図書選択論も踏まえた詳細な議論を紹介している好著に、安井一徳の『図書館は本をどう選ぶか』[22]がある。しかし、二〇〇六年に出版されたこの本は理論のレビューとしては優れたものだが、著者も断っているように、具体的な選書の現実に基づく理論の整理はなされておらず、また選書の背景にある図書館経営論などは射程に入っていない。

◆——いま、語られるべき選書論と図書館評価

二〇一三年に開館した佐賀県武雄市図書館の蔵書をめぐる問題は、公共図書館の新たな選書問題を浮き上がらせている。指定管理者である蔦屋書店を展開するカルチュア・コンビニエンス・クラブ（以下、CCCと略記）が、系列企業の新古書店から、出版年の古い図書や地域性のずれた資料を大量に購入して蔵書にしたなどとして問題になった。それ以来、選書は購入前に市教委がチェックする体制をとるとし、同じく二館目としてオープンした神奈川県海老名市立図書館でも、教育長が目を通したものしか購入しないとする見解を出すなど、図書館の教育機関としての独自性、「図書館の自由宣言」に基づく「図書館は資料収集の自由を有する」という理念が形骸化する事態が生じている。

こうした状況では、公共図書館がまちづくりや地方自治といった文脈で、あるいは個人の自立を支え民主的な社会の建設にいかに役立つかという政策論は語られず、「まちのにぎわい」創出手段として取り組まれた指定管理者による図書館経営をいかに適切にコントロールするかという行政管理論に矮小化されている。

報道では、しきりに選書の問題点を指摘してCCCや行政サイドの対応を紹介しているが、選書はどのようにあるべきかや、その選書を基盤として公共図書館はいかにあるべきかという本質的な議論はほとんどなされなかった。

◆——二元的な観察点と評価軸からの選書、図書館評価を

これまで見てきた選書での要求論も、あるいは価値論やこれらの限界を昇華させるような目的論も、それぞれに意義があると言える。実践的には、これらの理論をバランスよく取り入れ、最も効果的な選書実務をおこなうためのスキームと評価基準をもつことが、図書館自体の経営を目指すべき地点に連れていってくれるものと思う。

まず、選書を観察するための、①顕在化しているニーズ、②地域や社会状況によって個人に内在しているニーズ（潜在的ニーズ）、③過去に存在し、そのことで未来でも生じうるニーズ、あるいは現在から見て将来起こりうるニーズ、という三つのポイントを提起したい。

潜在的なニーズ、すなわち見えていない情報要求に応えるには推測と仮説が必要だが、その前提として観察が求められる。その一つのヒントになるのは、統計の分析である。以前、新しく勤務し

た先で異動した図書館の利用状況を知るために分類別の貸出統計をとったところ、工業系の資料の利用が多いことがわかった。しかし、ニーズが高いにもかかわらず、当該分野の蔵書数がそれほど多くなく、また出版年もそれほど新しくなかった。ここまでは、図書館内で起こっている状況の観察である。次に、このニーズの背景を探るべく、行政統計で産業種別就業人口を調べてみた。すると、当該地域は製造業が比較的多いことがわかった。そして、まちの様子を見てみると、単身者向けの住宅がここ数年で増加してきていることもわかった。

ここまでの観察で、次のような仮説を立てることができた。製造業系の資料をもう少し充実させれば、さらに利用が増加し、利用者層の拡大を図ることができるかもしれない、というものだ。

この図書館では、人文科学・社会科学系の資料は充実していたが、産業系の資料はあまり充実していなかった。それは、開館当時の司書の見立てが、当該地域は農村地域に広がった京都、大阪のベッドタウンで、本好きな地元住民に加え、ホワイトカラーを中心とする新住民を主な利用者と捉えるものだったからだと思われる。

また、過去から現在、そして未来の情報ニーズを探る手立てとしては、地域の歴史に学ぶことがあるだろう。例えば、美しく豊かな水源の恩恵を受けて古くから米づくりや日本酒づくりが盛んだった地域では、水を生かした産業に関する情報が未来においても求められるかもしれない。例えばそれは、パンづくりやワインづくり、あるいは水質の高い水を多く必要とする精密機器製造業の進出につながるかもしれない。そうした営みに関係する団体や個人が、「まだ見ぬ利用者」としてすでにそのまちに住んでいるかもしれないし、近い将来住人になるかもしれないのである。

言ってみれば、共時性と通時性の観点から、個人や地域の情報ニーズを探ってみることが、選書をより効果的なものにする基本的な姿勢ではないかと思う。そして、言うまでもないことだが、現在利用している利用者の満足度を上げることをないがしろにしてまで、潜在的な利用の開拓に力を注ぐことはいい結果に結び付かない。現在の利用者が図書館を信頼していれば、知人・友人にその有益性を伝えてくれるかもしれない。そうした評判を耳にした「まだ見ぬ利用者」が、図書館がまだ提供できていない分野の資料を要求してくる可能性は少なくはない。

また、分析は机にしがみついておこなうものではない。ニーズを探るためのヒントはいまの図書館のなかに、あるいは地域社会や現代性という状況のなかに必ず潜んでいるはずだ。外国のトレンドをそのまま模倣しても話題づくりにはなるだろうが、真に住民にとっての糧となる情報提供にはならないだろう。

ただ、「基本を大切に」とか「貸出に力を入れる」という抽象的な言説で、結果的には顕在的な要求にしか応えない図書館活動に未来はないと思う。

選書そしてその営為の積み重ねとして蔵書を構築する仕事は、図書館がどのようにして個人の自立を促し、あるいは社会的な要請に応えるかという俯瞰的な視野がなければできないのである。

3——地域政策としての蔵書構築

図書館は、基本的人権を尊重するための根幹的な公的機関として存在すべきであるとともに、それぞれの地方自治体のなかで市民によって、地域政策、つまり「まちづくり」の考え方に基づいて活用される情報提供機関である。市民が「まちづくり」に対してどのような考えをもち、図書館をいかに活用していくかについても議論されるべきだと考えている。

限られた財源をどの程度、図書館費に割り当てるのか、そして図書館費のうち、どの程度を図書購入費に充てるのか、そしてその図書購入費でどのような分野の本をどのようなバランスで選定し蔵書とするのか、という選択の問題は、図書館をどのように活用したいかという「目的論」を問うことになる。

例えば、日々の娯楽やレクリエーション的な読書あるいは教養を涵養する人文科学系の本をメインに蔵書を構築してほしいと願う市民層と、ビジネス書や工学系の実用書、個人では買いにくい高価な健康・医療関連の専門書を希望する市民層がいた場合、そのバランスをどう保つかが課題になる。

自然環境を維持しながら持続可能な観光都市を目指す地域であれば、そうした関連資料に関心をもつ市民もいるだろう。また、商店街で特色あるブランド商品の販売に力を注いで商業都市を再生したい地域や、豊かな農産物を第六次産業として育成したい地域であれば、そうした仕事に従事する住民の情報ニーズにも応えることが求められるだろう。

個人の情報ニーズが、実は地域政策や課題を背景にしている場合が考えられる。そうした状況では、これらの課題に応える具体的な蔵書が示されなければ、その情報ニーズは顕在化されない場合が考えられる。ここに、選書における要求論の限界が見え隠れするが、それはともかく、資料提供とは、個人へのサービスでありながら地域課題への応答という側面があることを検討してみたい。

◆――蔵書構成と図書館政策

図書購入費は、あればあるほど図書館を豊かにする。もちろん、与えられた予算で適正な選書ができる人的資源があるかどうかや開架スペースや収蔵力との兼ね合いもあるので、一定の条件下でという側面はある。

これまでも紹介してきたように、一定の図書館員は、図書館は資料提供がその使命であり、特定の目的をもって運営されるべきではない、という立場をとっている。したがって選書についても、利用者の求めに応じてなされるもので、選書における目的論という考え方には否定的なのである。

しかし、そうしたシンプルな主張は、図書館から本来図書館がもっている社会教育機関としての多様な機能や役割をそいで、図書館を「市民のニーズに合わせて本を貸し出す施設」というイメージに矮小化する危険がある。

それでいいではないか、それが図書館であり、それ以上でもそれ以下でもない、という主張が聞こえてきそうだ。百歩譲って、図書館内部の議論としてなら、あるいはそういう解釈もありえるかもしれない。しかし、地方自治体の一般会計における図書館費を差配するのは首長であり議会であり、財政調整機能として財政業務をおこなう部署である。そうした政策全体のなかで資源を調整する人々に、図書館が当該自治体の住民にとっていかに意義があるのか、少し見方を変えれば「票になるのか」という観点から、図書館を政策として評価してもらう視点が必要になってくる。

図書館が、住民一人ひとりの自立を支えるという、憲法の理念に基づく「知る権利」や「学習する権利」を保障するという基本を踏まえながら、図書館がそのまちの文化や教育の発展に幅広く役立ち、さらには「まちづくり」という自治体の発展にとっても、その具体的な施策を形成するための情報提供という観点で有益であることが示されれば、一般会計における図書館費の優位性が向上する蓋然性は高くなるのではないだろうか。

さてそれでは、図書館が幅広く役立っているという実感は、どのように認識されるのだろうか。

わかりやすい例をあげたい。二〇〇〇年代に「ビジネス支援サービス」という実践が始まったころ、図書館界の諸先輩から「そんなことは、わざわざ吹聴しなくても昔からやっている」という批判が出た。しかし、一般住民がそうした理解を図書館に対して抱いていただろうか。たしかに、実際そうした個人的な課題を図書館に持ち込んでレファレンスサービスを受けた住民は、「仕事上の課題解決のヒントを図書館で得た」という実感をもつことだろう。しかし、そうした積極的な図書館利用者ではない人々のなかに、自分の仕事に図書館が役立つという認識を事前にもっている人がどのぐらいいるだろうか。

それは心許ない、という主張を私たちの大先輩が一九八一年の時点で表明している。日本図書館研究会「読書調査研究グループ」の伊藤昭治らは、「日本の公共図書館でビジネス・ライブラリーは成り立つか」[23]のなかで、神戸市立中央図書館と地域分館計四館での利用者調査のレポートを発表した。それによると、「現在の利用目的」や「図書館の将来のあり方」という問いに、「仕事」での利用、あるいはそれを望む割合がそれほど高くなかったとしながらも、いずれの図書館に限らず「仕事に必要な情報を図書館で調べたことがあるか否か」という問いに、実に六五パーセントが「調べたことがある」と答えていることに注目し、近年十年間の傾向として、図書館が児童へのサービスや読み物などの貸出に重点を置いてきたため、成人男子のなかで、図書館と仕事とがイメージとして結び付きにくいということも考えられるとしながら、次のように述べている。

「新たなビジネス・ライブラリーというかたちで今までより以上の資料を揃え、専門の職員を配して、「図書館には仕事に役立つ資料が揃っている」ということを積極的にPRしていけば、この限界は越えることができるのではないだろうか[24]」。またさらに、「今後、ビジネス・ライブラリーというかたちでワンフロアあるいはフロアの一角をとり、資料を別置して専門の職員を配置することになれば、利用はさらに伸びるものと思われる[25]」としている。

これまでサービス対象としてそれほど注目されることがなかった成人男子に対して、「ビジネス・ライブラリー」というかたち」でのサービスを提言して利用の増加を目指す姿勢は、現代において「資料・情報提供でいちばん手が回っていない部分」としての「ビジネス支援サービス」という発想が目指すものとそれほど相違はないように見える。

このように、図書館がどのように役立つかということは、具体的な看板を上げて可視化しないと伝わらないというごく当たり前のことをあらためて確認しておきたい。もちろん「看板に偽りあり」では逆に信頼を損なうから、真摯かつ適切な看板とサービスを準備しなくてはならないことは言うまでもない。

そしてそのサービスを構築するために、そのまちに生きる住民が、どのような特性や属性をもって地域社会や自治体のなかで暮らしているかを「鳥の目」と「蟻の目」の両方で見つめる必要がある。

そうした観点で図書館施策を検討するとき、図書館の資料をどのように選定し、そしてその成果としての蔵書構成をいかに作り上げていくかという課題が、いや応なしに立ち上がってくる。自治体そしてそのまちづくりには様々な側面がある。そのことをきちんと理解し、様々な場面での営為に役立つ図書館を構想しなければ、当該自治体で図書館の政策優位性を高めることは難しいのではないだろうか。

図書館の蔵書は、そのまちに生きる人々にとって貴重な「知の世界」である。その世界の広さや深さを決定付ける最大の要素が、図書購入費というリアルな条件だ。

蔵書構成を語るときにまず私たちが意識しなくてはならないのは、蔵書構成の検討を住民の属性を把握し自治体政策のなかに位置付けておこなわれるべき図書館施策として捉え、いかに住民を情報提供によって支えるかという、実際的な思考で検討することである。

「図書館は資料提供がその使命であって、それ以上でもそれ以下でもない」と理念を語ることは大切である。しかし、「で、あなたの図書館の図書購入費は？」と尋ねられたとき、その理念を裏打ちする政策環境が整えられているかどうかが問われる。

地方自治体で教育文化機関を預かる私たちは教育行政官である。その仕事の住民への責任は、美しく勇ましいスローガンではなく、予算という現実によってようやく果たすことができるのである。そうした認識を踏まえたうえではじめて、蔵書構成を語ることが可能になるのではないだろうか。

◆――蔵書構成の実際

蔵書構成を検討する際の要素は、一つには資料そのものについて、もう一つは当該図書館の規模や役割、そしてサービス対象としての住民、地域性などを含めた外部環境要素である。この外部環境要素を背景に、資料要素を検討していくという順序になる。

①資料要素
- 当該図書館での分類別蔵書比率
- 書籍難易度（入門書、実用書、専門書）
- 一般書と児童書
- 刊行形態　図書（単行本、新書、文庫、全集、叢書）
　雑誌、新聞

②外部環境要素

・当該図書館の役割（中央館、地域館、分館）
・当該図書館の利用者の年齢層
・当該図書館サービスエリアの年齢別人口統計
・当該図書館サービスエリアの産業種別就業種人口統計
・当該図書館サービスエリアの産業種別事業者統計
・当該自治体の全図書館間の蔵書のバランス

◆蔵書構成、構築における政策的視点

資料選定や蔵書構築を図書館政策の表れとして捉え、ひいては当該自治体の行政施策も踏まえて、住民一人ひとりの自立を支え、「教育と文化の発展に寄与する」（図書館法第一条）事業としての資料選定・購入という考え方を整理する必要がある。

地方自治体で、財政民主主義の発露として公共財である図書館を運営するかぎり、何のために、何を、どのように、いつまでに、どうする、といった政策課題を踏まえた事業計画がないと、住民に対する説明責任は果たせない。

国民一人あたりの貸出冊数が一冊もない時代には、「資料提供（資料保存ではなく）こそ図書館の使命」というスローガンはきわめて適切で効果的な言説だった。しかし、北欧諸国との比較ではまだ大きな差があるとはいえ、貸出密度が五冊を超えた現在のわが国の公共図書館では、さらにその充実を図るために、次の段階の図書館イメージを創造する必要があるのではないだろうか。

もちろん地域や図書館によっては、基本的な資料提供をさらに積み重ねる必要があるところもあるだろう。しかし、一定の豊かさを享受し、国民がこぞって一つの目標に向かって突き進んでいた二十世紀ではなく、多様な価値観が人々の生き方に表れる一方、これまでにはなかった経済格差が存在する現代の日本では、公共施策としての図書館も、その複雑さや多様性にフィットした運営をしていく必要に迫られているのではないだろうか。

より多くの人の資料ニーズに重点的に資源を投入し、図書館業績としての貸出冊数の多寡に重きを置く図書館経営から、できるだけ多様な分野の資料ができるだけバランスよく利用され、かつ、年に一度でも貸出利用を受ける実利用者数を増やし、延べ利用人数ではなく、図書館利用住民を増やすという経営方針に転換していかなければ、これからの自治体経営のなかで政策の優位性を確保できず、結果として、志は勇ましく潔いけれど、資源が少ない貧しいサービスしかできない図書館になってしまうのではないかと懸念している。

図書館が目指すもの、政策について、住民も巻き込んでしっかりと議論をしながら、これからどのような図書館を作っていくかを考えなければならない時代に直面している。

図書館をどのような存在にしていくかを問う政策形成は、当然、図書館の構成要素のなかでも重要な蔵書構成にも及ぶ。

◆――瀬戸内市で試みた蔵書構築

岡山県瀬戸内市での新しい図書館の蔵書構築は、大変骨が折れる仕事だった。全体像をイメージしながら、各主題内での難易度や出版社、表現上の多様性について検討し、主題間のバランスを俯瞰しながら、一冊一冊の資料を丁寧に選んでいく仕事には、体力と精神力を求められた。

まずは一般書と児童書の冊数割合を決定し、次にそれぞれに日本十進分類法の主題ごとの選定冊数を設計していった。

いろいろな図書館を見学するなかで少なくない頻度で目にするのが、難易度がほぼ同程度の図書が並んでいるという光景である。

選書の機会ごとに無難で一般的な、つまりは価格も手頃で一定の利用が見込める図書を毎回選んでいった結果として、可もなく不可もない中途半端な本ばかりが棚を埋めている、という図書館がある。どちらかというと、そういう図書館が多いかもしれない。児童書の棚は、ずいぶんとこだわりがある選書をしているのに、こと一般書の文学以外の棚は、不思議なほど刺激がないラインナップになっているのだ。

ジュンク堂書店の福嶋聡は、「売れないジャンルの棚構成比を、決して減らしてはいけない」として、即効性がある棚だけを求めるのではなく、読者が読みたいと思う本がある棚を手をかけてじっくりと育てていくことで、読者とのめぐり合いを作り出すことができると語っている(26)。

利用されない資料を司書の見えや酔狂で購入することは許されないが、より利用されるものだけを選んでいては、図書館の広く深い役割や使命を果たすことはできないだろう。年に数回しか利用されなくても、その本がその棚にあることで周辺の本が生きるということ、そして、その周辺の本で学んだ人がやがてはそのメルクマールのような本にたどり着くことになる、ということを体験的に学んだ。

抽象的な議論になるが、本というものは、本同士の関係性のなかで生きるものだと思う。いまあるコレクションの状況も踏まえず、貸し出されるかどうかだけに終始する選書は、結果としての蔵書構成を費用対効果が薄いものにしていくのではないだろうか。

◆——生態系としての蔵書

図書館の蔵書はまさに生き物だと思う。日々の利用者との直接的な対話や棚の乱れ方、分類別貸出統計の分析などを通して、その生態を垣間見ることができる。また同時に、社会の様々な課題は常に可視化されているわけではない。何らかの問題の発露を契機に、意識的な観察や分析によって課題と認識され、その改善のための手立てが検討されることになる。そのようにして人間社会は発展を続け、その発展が契機となって新たな課題に遭遇し、その改善を繰り返していく。

戦後日本の図書館の近代化に大きな影響を及ぼした有山崧は、図書館が現実の社会とどう関わっていくかということを常に重視していた。[27] 図書館員には、一人ひとりの利用者との対話とともに、利用していない住民も含めた社会とも向き合い、できるだけ多くの住民が主体的に情報に触れ、自らの人生を能動的に生きられるよう、図書館を役立つ機関に育てていくという使命がある。利用者が求める資料を提供していれば、それで図書館の資料提供の使命は貫徹できるというのはあまりにナイーブにすぎる。まだ見ぬ利用者が図書館を「私のよりどころ」と感じてもらえるようにするために、蔵書構築という仕事はきわめて重要である。

一冊一冊の出版という仕事、本という営みの結晶を、面として群として、森羅万象をめぐる知の世界として紡ぎ編み込む蔵書づくりは、図書館司書が最も専門性を問われる仕事だ。

そして、このとてつもなく難しく、けれどもたまらなく楽しい営みを、当該地域の住民とともに作っていく喜びを感じながら、蔵書構築は今日も終わらない試行錯誤を繰り返していくのだと思う。

4――蔵書づくりのあれこれ

いい図書選択をするためには、当然のことながら、本についての情報を質、量ともに豊富に持ち合わせていることが求められる。また、いい本とはどのような条件を備えているべきか、という評価軸をしっかりともっていることも重要だ。さらには、社会情勢や地域の諸事情、市民や利用者について知っていることも大切な判断材料と言えるだろう。

ある分野の素晴らしい本を備えているけれど、利用者の反応が芳しくないという図書館の棚がある。それは、市民ニーズとの不調和が原因である場合もあれば、見せ方の問題(配架の工夫不足)というケースもある。さらには、ある種のいい本が選ばれているのに、一方でその土地のニーズを見つけられず、あるいは見つけるために必要な行動をとらずに、あれば利用される本を用意できていない図書館もある。

蔵書づくりには、三つの視点が必要だと考えている。それは、「地域社会」「出版世界」「蔵書と利用の相関」という三つの観察眼である。そうした事柄についても、これまでの経験を踏まえてつづりたい。

◆——利用者ニーズに応えるだけの選書でいいか

多様な市民層の情報ニーズに応えうる図書館になるには、顕在的な利用者ニーズに応答する選書の結果としての蔵書だけではやはり限界があると経験的に思う。

前出の明定義人は、棚に並んでいる本の分野を超えてリクエストがくることはない[28]、という主旨の発言をしている。

自分が興味・関心のある分野の本が図書館の棚になければ、たいていの利用者は諦めて帰ってしまう。図書館員を捕まえてリクエストを出してくる利用者は、ごく限られた人たちと考えるべきだろう。

貸出冊数を少しでも伸ばしたいと図書館が考えるとき、妥当な行為としては利用の実績がある分野の本、そして、とりわけ要求が強い本を増やすことになってしまう。それは、利用者のニーズに応える選書、蔵書づくりという図書館の基本的な役割とも合致するから、少なくとも業界内から批判されることは少ないかもしれない。しかし、その結果として、実利用率[29]が伸びない、あるいは分類別貸出統計にある種の偏りが出る、つまりは出版の主題バランスとの乖離が出てしまうということが起こる。

公共図書館が、具体的に存在する強いニーズの資料分野の本をより多く選定することが公益性が高いサービスと考えるか、あるいは当該地域の地域性や様々な市民の幅広い興味・関心に配慮した多様な分野の本を選定することのほうが公益性が高いサービスと考えるかは、そのバランスの程度の評価も含めて一概には言えない。しかし、実際の選書の現場で囁かれる「いい本なんだけど、出ないしな……」という本を選ぶ側の意識については、少し考えなくてはならない。

顕在化している利用者ニーズに応答する選書だけでは、公共図書館の蔵書づくりとしては不十分である、という立場をここではっきりとさせておきたい。とはいえ、蔵書の主題範囲をできるだけ幅広くする選書をやみくもに進めたところで、まったく利用されなければ意味がない。目的は、蔵書の主題分野の広範化・多様化そのものではない。

これまで当該図書館を利用しなかった人々の利用を生み出す、つまり新しい利用者層を発掘していくプロセスとして、これまであまり選ばれなかった資料群を地域性を考慮しながら選書し、そしてその存在を知らしめて利用に結び付けていくことが、あるべきサービス構築の姿である。目的と手段をしっかりと認識する重要性を、あらためて確認しておきたい。

◆──文学、とりわけ小説をどう選ぶか

図書館の分類別貸出統計を見ると、やはり文学とりわけ小説の利用が目立つ。そのこと自体をここでいい悪いなどと評価するつもりはないが、この文学、小説というジャンルの本が、本というものの概念を一身に引き受けていて、その心象が図書館というもののイメージと離れがたく結び付いてしまっていることの危うさを認識させられた体験は第1章で紹介したとおりである。繰り返しに

なるがあらためてつづることにする。

一九九八年から開設準備に携わった滋賀県の旧・永源寺町立図書館（現・東近江市立永源寺図書館）の整備をしていたころ、あるお年寄りが「私は本など読まない。図書館なんかできても行かない」と準備室までやってきて宣言したことがあった。ところが、いざ図書館ができると、そのお年寄りは毎週のように来館しては週刊誌を読み、そして野菜作りや病害虫対策の本などを借りていった。

そのお年寄りにとって本とは文学のことだった、というのをのちに知ることになった。本≒文学・小説、そして図書館≒本（文学・小説）を借りるところ、というイメージの固定化は、図書館の役割や機能を矮小化させてしまう、決して歓迎すべきことではないと感じた。

多くの住民が望む文学・小説の提供をないがしろにしていいとは思わない。しかし、例えば、同一著者の作品をどの程度カバーするか、複本は、予約件数と作家の人気度なども踏まえてどの程度にするかという案配は、図書購入費と他の分野の購入冊数目安などとともに総合的・計画的に調整しなければならないだろう。姿勢としては、多様な資料群を選書し、顕在的なニーズに加えて潜在的なニーズの掘り起こしをしようとしていても、ある程度計画性をもって臨まなくては、ニーズが高い分野の資料をなし崩し的に選んでしまうことになりかねないからだ。

このような見方に対しては、「それでいいではないか、ニーズが現に高いもの、あるいは相当の利用が見込めるものを選定するのは、利用者のニーズに応えるうえで不可欠ではないか。どこにいるかわからないまだ見ぬ利用者のために、利用されるかどうかもわからない資料群を選ぶことは、図書館の自己満足でしかない」という批判は当然あるだろう。しかし、それでは、住民の一〇パーセント程度しか実際には図書館を利用していないのに、住民一人あたり貸出数が〇冊だと胸を張ったところで、「図書館は利用しないから図書館なんていらない」と多くの住民に思われたら、それこそ図書館の自己満足に終わるのではないだろうか。

そのまちで、どれだけ多くの住民に図書館は必要だ、図書館は大切だと思ってもらえるか、あるいは声をあげてもらえるかが重要ではないだろうか。さらには、そうした認識を市の政策責任者が共有していることも非常に重要な点である。

◆──現物にあたり皮膚感覚を鍛える

本を選ぶには、新刊情報や出版社目録など何らかのリストを用いて選ぶ方法と、取次店から送られてくる見計らいという見本を確認して選ぶ方法があることを紹介した。

新刊リストだけで妥当な図書選択をおこなえるようになるには、それなりの経験が必要である。本に精通するには、やはり現物をしっかりと見ること以外に手はない。その手段が「見計らい」でなくてはならないと主張するつもりはないが、書店が衰退するなか、地方都市で多様な現物図書を手にすることは、現実的には不可能になりつつある。

かつてある出版社の時報に、選書のコストについて書いたことがある。日本のどの地域に住み、そして図書館に勤務しているかによって選書にかかるコストは当然異なり、しかるべくコストを投入しなければ一定程度のレベルの選書を実現することは難しいのではないか、という主張である。

前述の旧・永源寺町立図書館の準備をしていたときのことである。一般会計三十五億円の財政規模のまちで、八億五千万円の図書館整備事業を進めていた。当初の計画で経費の多くは地方債を活用するものの、年間の図書館費は三千五百万円程度、つまり一般会計の一パーセントを図書館費に充てるという相当充実した予算配分だった。そのうち、図書購入費を年間一千万円確保していた。私は、このまちの財政規模から考えて、この図書購入費を一円でも無駄にはできないと考えた。すでに大阪府豊中市で約十二年のキャリアがあったが、選書リストで不安が残るものは、書店に現物を確認しにいった。滋賀県内の書店では十分な在庫がないため、JR京都駅前の旭屋書店（現在は閉店）に月二回通って二十冊程度の「要チェック本」を現物で確かめる作業をおこなった。

こうした生活を五年間ほど続けたので、出版社の傾向や本づくりのイメージが皮膚感覚でわかるようになった。新刊情報やいま市場で流通している書籍群、そして自館の蔵書について、データから理解する部分と身体的に直観できる部分の両方が備わることで、本を選ぶ精度は高まっていくことだろう。

しかし、そのように振る舞うには、一定のコストがかかる。データは、インターネットの時代だから住む場所を選ばず、こちらがその気になれば情報量は増やすことができる。しかし、こと現物となると、大型書店から遠い地域は移動コストがばかにならない。時間や交通費、それらがあるための心理的バリアの克服など、都市生活者とは段違いに周縁部の地域に生きる図書館員はコストがかかるのである。

現物で皮膚感覚を鍛えるなどということは当たり前のことでありながら、書店がどんどん減っていく昨今、あるいは交通手段の課題もあるなかでは大きな声で推奨できないが、せめてそうした環境が許されている立場であれば、ぜひ実践したい。

◆——めりはりをつけること——買いやすい本の呪縛との闘い

みなさんのまちの図書館で、例えば日本十進分類法の４９２という分類ラベルがついている本棚に三千円を超える本は何冊あるだろうか。４９２という分類は、医学のなかでも臨床医学、診断・治療に関わる分類番号で、比較的高価な書籍も出版群のなかに存在する。この分野で三千円を超える本が十冊ないようであれば、少し物足りない棚ではないかと疑っていい。もちろん、図書館の規模や予算など事情は様々なため具体的な話はしにくいが、例えば、この分類には看護学などの本も含まれるから、初学者向けの医学書として三千円から五千円ぐらいの価格の本はある程度提供したい。大手の総合出版社が出している二千円前後の本から、日本医書出版協会に名を連ねる出版社の医学書まで、硬軟取り交ぜて書架に並んでいると、利用者のその図書館に対する信頼度はかなり増すのではないだろうか。

３３６の経営管理は、出版点数自体が多く、特にビジネス関連のノウハウ系の書籍は新刊リストをにぎわせていることが多い。

６７５のマーケティング関連の書籍も多数あると思うが、かなり大部の書籍で知られる『コトラーのマーケティング入門』[30]が書架にあれば、軽めのビジネス書と一緒に借り出されていく。

私たちが本棚の前に立って本を選ぶとき、一冊一冊を凝視する前に、数段の棚の背表紙がイメージとして目に入る。そのとき、表紙見せされている本は大きなアドバンテージをもっていて、まずはその本に目を奪われることになる。

さて、その数段の本の並びがどうなっているかがとても重要だ。厚さ、つまりページ数がもたらすボリューム感、ハードカバーかソフトカバーかによる書籍の難易度の印象、手に取ってみて、目次立てはどうか、索引があるか、専門書の領域に近いものであれば、文献参照が充実しているか、図版の使い方など、その本がもつ編集的な要素がまず利用者の印象に影響する。もちろんそこに内容の広がりや深みの印象がじわじわとその本の評価として認識されていくわけだが、こうした本の連なりが、メリハリのない書籍群では誠に退屈なものになる。

毎週そのつどそのときの選書では、内容の妥当性や難易度や価格帯や予想される利用度で「適書」と思われる選書をしていても、いざ当該主題の棚の既存の書籍群に交じると、とたんに魅力をなくしてしまう。なぜなら、その隣もその上や下の段にも、同じような評価軸で選ばれた書籍が並んでいるからである。

公共図書館の各主題の図書選定についていま一度、バラエティーを豊かにすることを念頭にその選書方針を見直してみるべきではないだろうか。「出ないしな……」という判断基準は、現在の蔵書構成や棚イメージでしっくりきている利用者を基準に下された判断でしかない。「必要としている読者がいるのではないか」という積極的な仮説が成立するかを検討し、可能性があればその本を選び、借り出されるための工夫を凝らすこと。そうした取り組みをしないで、新たな利用者の発掘、幅広い市民に利用される蔵書を構築することはできないだろう。

「選書している私」は、どんなまちの住民を相手に、どんな使われ方、つまりは図書館サービス計画のなかで、どのような蔵書構成を意識して、いま、この週の、これらの出版物の一点一点を選ぼうとしているのか。そうしたマクロ（というほどの引いた視点でもないが）の視界のなかで、その書籍の個別の評価をして、メリハリある選書をしなくてはならないだろう。

◆──ロングテールを選ぶ

新しい図書館を整備するときに苦労するのは、蔵書の時間軸に豊かさを出すことだ。つまり、近刊書だけでなく、それぞれの分野でかつて話題になっていまも読み継がれているロングテールをいかにそろえるかである。

品切れや絶版になっていると思っていた本でも、久しぶりに重版されたり復刊もされるので、主だった出版社の出版目録にはまめに目を通して、蔵書にすべきロングテールを粘り強く探すことも大事である。とはいえ、網羅的に出版目録に目を通して、市民ニーズに合った適書を拾い上げるのもなかなか骨が折れる仕事だ。こうしたときに参考にしたいのが、いま旬の書き手が紹介する本のラインナップである。あるいは新聞社のサイトの書評のページで書評者名やジャンルから過去の書評本を見ることができるので、こうしたページも活用すればいいだろう。なかには著者のインタビューがあって、話題の書のヒントになった本や著者が影響を受けた本の紹介があり、これらの書籍がロングテールである場合もあり、大いに参考になる。「ミュージシャンズ・ミュージシャン」という言葉があるように、小説家にもその作家が大きな影響を受けた作家、系譜のようなものがある。この縦糸をしっかりカバーした蔵書のつながりがあると、重層的な資料提供ができて利用者の満足度も高まることだろう。

哲学や思想、歴史研究や社会科学系、自然科学や芸術の分野にも当然こうした系譜がある。それらのなかにロングテールがあり、これらを効果的にコレクションに加えることで、利用者にある分野に関する系統だった気づきや学びを得てもらえる。こうしたストックとしての蔵書が、図書館ならではの魅力である。(31)

◆――住民の活動、暮らし、仕事からのヒント

その土地に住んでいる人たちがどんな日常を送っているのか、情報ニーズを探るには、生活や仕事、趣味、地域活動などいろいろなアプローチがあると思う。

例えば、公民館での活動グループにどんなものがあるかを調べて、その人たちが手に取りたくなるような関連書を選ぶということもある。すでに活動のなかで講師から基本的なことを学んでいる可能性もあるので、少し踏み込んだグレードの本が必要かもしれない。あるいはグループで会員同士が教え合っているようなケースでは、基本から学び直したいというニーズがあるかもしれない。

域内の事業所の業種に関わる実用書というのも、潜在的なニーズがあると考えられる。瀬戸内市でも建設業は相当数あるが、建設積算資料のリクエストをもらうことがある。地場産業に関連した資料ニーズもあるし、3・11以降は、原発事故関連の資料を選書すると、関東地域から移住してきた自主避難者にニーズがあることがわかった。

いろいろな環境や状況、時期によってどのような潜在的な情報ニーズがあるかは、図書館がいろ

いろと仮説を立てて資料を選んで提供していくことで、はじめて顕在化する。蔵書づくりでは、こうした観察、仮説、実践、評価という取り組みがなければ、図書館の利用者層を広げることは難しい。

貸出利用が一定程度ある図書館は、住民あたりの貸出冊数によって自己評価が高まり、それ以上に利用を発掘する契機をもてない傾向がある。あるいは、そうした実績を作ることで業務的には精いっぱいで、問題意識があっても検討したり実践に移したりする精神的・実働的余裕がないというケースもあるかもしれない。

しかし、それだけ貸出実績を伸ばしているのにもかかわらず、自治体中枢部からは「図書館は役立っている」という理解を得られていないのか、あるいはもっと他に政治的な理由があるのかもしれないが、指定管理者制度が導入される場合がある。

それは、もしかしたら、貸出冊数は多いけれど住民の一部にしか利用されていない、という理解しか得られていないからかもしれない。図書館は、資料を求める人に確実に必要な資料を提供することで、住民の知る権利と学習する権利を保障することがその責務であることは間違いない。ただ、同時に自治体立図書館として、そのサービス対象として多様な暮らしと興味・関心をもつ幅広い住民層を射程に入れる必要がある。そうした多様な住民を否定しない蔵書、サービスを提供してはじめて、公共図書館という名にふさわしい仕事ができるのだと思う。

そのためには、「利用者のニーズ」だけではなく、「住民のニーズ」を念頭に、限りある資源を有効に使うという実践が求められる。その結果、顕在的なニーズに応えることによって得られた貸出冊数よりも少なくても、実利用者数が多く、幅広い住民が図書館を使っている図書館運営を実現することが、財政民主主義によって支えられる価値があるのではないだろうか。

◆コラム◆『ぼくは、図書館がすき』――写真家・漆原宏の流儀

図書館業界では知らない人はいない写真家に漆原宏さんがいる。図書館の写真を撮り続けて四十年、日本図書館協会発行の「図書館雑誌」のフォトギャラリーを毎回飾っていた。漆原さんは一九八三年に写真集『地域に育つくらしの中の図書館』(32)を出版しているが、二〇一三年に三十年ぶりとなる写真集『ぼくは、図書館がすき』(33)を上梓した。

ここ十年間に撮影され、「図書館雑誌」にも掲載された八十六枚の写真は、図書館という場が人々に何をもたらしているのかを雄弁に物語っている。

漆原さんは図書館の写真を撮り続けているにはちがいないが、写真に収めているのは「図書館」という施設ではなく、「図書館と人々の営み」である。絵本のページに魅せられている子どものまなざし、赤ちゃんを抱っこして本を探す母親、真剣な表情で調べ物をする男性、利用者にサービスする図書館員、移動図書館車を取り囲む子どもたちなど、図書館での実に豊かな時

間を活写している。

そんな漆原さんが撮影する様子を垣間見たことがある。漆原さんは、決してシャッターチャンスを探し求めたりはしない。その図書館に居合わせた来館者と同化して、その時間のなかに身を委ね、静かにそのときを待つのだ。

写真2　カウンターで利用者に対応する図書館員（撮影：漆原宏氏）

図書館を利用する人たちのありようは実に様々である。そうした多様な人生の風景が、かけがえのない表情を見せるとき、漆原さんのシャッターは切られる。これが漆原さんの流儀だ。

それにしても『ぼくは、図書館がすき』というストレートなタイトルは、いまも東京・蔵前に住み続ける漆原さんの江戸っ子らしさを物語っている。そしてその「すき」という情緒的な宣言は、漆原さんの深い信念の発露でもある。

一九三九年生まれの漆原さんは、戦争末期の記憶を留めながら戦後教育を受けている。その記憶風景は、為政者は間違いを起こすという認識と同時に、国民一人ひとりが無力にもその誤りを許したという慙愧の念とともに刻印されている。漆原さんは「あとがき」にこう記している。「人は図書館資料を活用して、個として自らを律し、生活者として自立した市民へと成長できます。自立した市民が結びつき、自治意識を培い、責任感と行動力をもって自治体活性化に参加し、そして国政の誤りも正します(34)」

漆原さんは、図書館という場に足を運ぶ人々のことを、人生をよりよく生きようとする同朋として心から信頼しているように見える。そして、そうした人々を迎え入れ、その必要を満たそうと奮闘する図書館という営みが、心から「すき」なのであり、そうでなければ図書館ではない、という信念の裏返しが「すき」というひと言に集約されているように思う。

ありがたいことに、この写真集では、整備に関わった瀬戸内市の移動図書館を紹介している。移動図書館といっても、軽自動車のバンにコンテナを十箱積み込んで、保育園や幼稚園で貸出とおはなし会をおこなうささやかなものである。とはいえそこには、その小さな車とコンテナの絵本を待ちわびたように迎えてくれる子どもたち（飛び上がっている姿も）の様子が写し出されている。見開きの反対側には、借りた絵本を早速開いて読んでいる子どもたちの姿がある。

図書館が教育活動として成立するには、その効果を生むための最低限の資源が必要だ。しかし、小さな営みでも、図書館の本質を成立させるような取り組みは可能である。そうした人々へのはたらきかけの積み重ねこそが、漆原さんが言う「個の自律」を支える一歩だと信じたい。

漆原さんは、こうも書いている。「図書館は暮らしや仕事、そして行政の頭脳として、人づくりの要となり、まちづくりの核として役立ちます(35)」

この写真集が醸し出してくれる図書館への期待を裏切らないよう精進したい。

注

(1) 区分、部分。経営学でのマーケティングの領域の用語でもあり、ニーズ分析や商品開発をする際に、顧客を様々な区分方法でカテゴリーに分けること。

(2) 前掲「公立図書館の設置及び運営上の望ましい基準」

(3) 日本図書館協会「図書館の自由に関する宣言」(http://www.jla.or.jp/library/gudeline/tabid/232/Default.aspx)［二〇一九年五月五日アクセス］

(4) 日本図書館協会「図書館員の倫理綱領」(http://www.jla.or.jp/library/gudeline/tabid/233/Default.aspx)［二〇一九年五月五日アクセス］

(5) 図書などの内容を構成する、著者、書名、出版社、出版年、ページ数などの事項。雑誌論文であれば、著者、論文名、掲載雑誌名、掲載雑誌の巻、号、出版年などの事項を指す。

(6) ISBN(アイエスビーエヌ。International Standard Book Number)。世界共通で図書(書籍)を特定するための番号。日本語では、国際標準図書番号。

(7) 中沢啓治『はだしのゲン』全十巻、汐文社、一九八三―八七年

(8) 元少年A『絶歌――神戸連続児童殺傷事件』太田出版、二〇一五年

(9)『中小都市における公共図書館の運営』日本図書館協会、一九六三年

(10) 前掲『市民の図書館』三九ページ

(11) 津野海太郎「市民図書館という理想のゆくえ」、日本図書館協会図書館雑誌編集委員会編「図書館雑

誌」一九九八年五月号、日本図書館協会、三四四―三四七ページ
(12)S・R・ランガナタン『図書館学の五法則』森耕一監訳、日本図書館協会、一九八一年、二〇二ページ
(13)林望「図書館は「無料貸本屋」か――ベストセラーの「ただ読み機関」では本末転倒だ」「文藝春秋」二〇〇〇年十二月号、文藝春秋、二九四―三〇二ページ
(14)伊藤昭治／山本昭和『本をどう選ぶか――公立図書館の蔵書構成』日本図書館協会、一九九二年
(15)河井弘志編『蔵書構成と図書選択』(「図書館員選書」第四巻)、日本図書館協会、一九八三年
(16)「誌上討論　現代社会において公立図書館の果たすべき役割は何か」、日本図書館研究会編「図書館界」第五十六巻第三号、日本図書館研究会、二〇〇四年、第二回：第五十六巻第六号、二〇〇五年、第三回：第五十七巻第四号、二〇〇五年（投稿：単独掲載、第五十八巻第一号、二〇〇六年)、第四回：第五十八巻第五号、二〇〇七年、第五回・最終回：第五十九巻第四号、二〇〇七年
(17)前掲「図書館界」第五十六巻第三号、一六一―一六七ページ
(18)同誌一八八―一九三ページ
(19)同誌一七五―一八二ページ
(20)前掲「図書館界」第五十六巻第六号、三三〇―三三二ページ
(21)山口源治郎「『市民の図書館』の歴史的評価をめぐって――誌上討論「現代社会において公立図書館の果たす役割は何か」を振り返る」、日本図書館研究会編「図書館界」第五十九巻第五号、日本図書館研究会、二〇〇八年、三〇八―三一一ページ
(22)安井一徳『図書館は本をどう選ぶか』(「図書館の現場」第五巻)、勁草書房、二〇〇六年
(23)伊藤昭治／川崎良孝／竹島昭雄／佐藤毅彦「日本の公共図書館でビジネス・ライブラリーは成り立

つか――ビジネスマンの読書調査」、日本図書館研究会編「図書館界」第三十三巻第三号、日本図書館研究会、一九八一年、一四六―一五五ページ
(24) 同論文一五〇ページ
(25) 同論文一五〇ページ
(26) 福嶋聡『劇場としての書店』新評論、二〇〇二年、一三〇ページ
(27) 有山崧生誕100周年記念集会実行委員会編『有山崧の視点から、いま図書館を問う――有山崧生誕100周年記念集会記録』有山崧生誕100周年記念集会実行委員会、二〇一一年、五五ページ
(28) 前掲『〈本の世界〉の見せ方』一六ページ
(29) 一年間に一度でも貸出利用をした住民の数を当該地の人口と対比させた比率。
(30) フィリップ・コトラー/ゲイリー・アームストロング『コトラーのマーケティング入門』恩藏直人監修、月谷真紀訳、丸善出版、二〇一四年
(31) 人文書のジャンル詳細や各分野の基礎知識の習得には、『人文書販売の手引き 第二版』(人文会、二〇一五年)のお世話になった([http://jinbunkai.com/wp-content/uploads/2015/03/tebiki_second-edition.pdf][二〇一九年八月三十一日アクセス])。
(32) 漆原宏『地域に育つくらしの中の図書館――漆原宏写真集』ほるぷ出版、一九八三年
(33) 漆原宏『ぼくは、図書館がすき――漆原宏写真集』日本図書館協会、二〇一三年
(34) 同書八三ページ
(35) 同書八三ページ

第６章　図書館とデモクラシー

1———デモクラシーを支える「死者の声」

◆———主権者としての「私」を支える図書館

日本の統治形態は民主主義である。それは「国民主権」「基本的人権の尊重」「平和主義」という「日本国憲法の三大原則」によって規定されている。

「私」は、私が生きる日本社会の権力の行使を伴う政治的決定に、国民の一人として参加することができる。しかし、それは、「私」が望むような政治的決定が常になされるということを意味しない。自分が住む自治体の施策や国政での立法の検討で、主権者である国民の考えは多様である。行政の提案に賛成か反対かは採決という手続きによって決せられ、多数を占める考えが民主主義では主権者の意思として扱われることになる。

「私」は主権者でありながら、望まない決定を執行する権力に不本意ながら従わざるをえないことになる。その決定に関わったのは、「私」と同じ主権者である国民だからである。はたして、決定された政策や法律が多くの主権者にとって望ましいものなのだろうかという疑念は、常に少数派の「私」につきまとう。

行政府は、こうした少数派の疑問にこそ、民主主義への信頼を確固としたものにするために積極的な説明をおこなわなければならない。立法された後の行政が真に公共の福祉に資するものかどうかについて検証することも、主権者である国民の権利であり義務であるはずだ。

さらに言えば、意思決定がなされる前の段階で、主権者たる国民には、その検討材料としての「情報」が提供されなくてはならない。そして最も本質的な議論としては、現下の課題に対応する政策や立法について検討する段階で、主権者に対してしかるべき情報へのアクセスが保障されるべきである。

そこで提供・公開される情報の信憑性や妥当性についての検討を助けるのが、教育機関としての公立図書館の責務である。政権与党による内閣によって運営される行政は、その政策推進のために、提案内容に否定的な情報を積極的に開示しない蓋然性が高い。「平成の大合併」のとき、政府や自治体が公開した情報は、合併すると未来はバラ色で、合併しない場合は厳しい財政状況が待っているというものだった。

主権者の「私」の適切な判断を支えるのは、権力から独立した存立基盤をもつ情報・教育提供機関であるべきだ。わが国の公立図書館は、教育行政を司る教育委員会のなかの教育機関として存在している。しかし、この原則を大きく揺るがす法改正が二〇一九年六月になされた。二〇一八年から文部科学省は、中央教育審議会（中教審）の生涯学習分科会に「公立社会教育施設の所管の在り方等に関するワーキンググループ」を設置し、公民館や図書館、博物館などの社会教育施設を地方公共団体の長が所管できる特例を認めるべきかについて検討していた。

公表されている「公立社会教育施設の所管の在り方等に関するワーキンググループにおける論点整理（案）[1]」によれば、当該地方の実情を踏まえ、効果的と判断される場合には、政治的中立性の確保に関する制度的担保がおこなわれることを条件に可とすべきとしている。

なぜ、この議論がなされているかと言えば、「近年、地域活性化・まちづくりの拠点、地域の防災拠点などの新たな役割が期待され、地域課題解決に向けた活動の拠点としての役割を果たすことが一層必要となっている[2]」からであり、公立博物館については「特に、観光振興が地域経済の活性化に大きな影響を与えている[3]」ので、「まちづくり行政、観光行政等の他の行政分野との一体的な取組をより一層推進するため[4]」に地方公共団体の長が所管することを可能とする特例について議論する必要があったためだ。

一方、この「論点整理（案）」では、繰り返し「社会教育に関する事務については今後とも教育委員会が所管することを基本とすべき」と述べていて、教育行政の独立性・中立性をめぐる議論への配慮がうかがえる。

社会教育施設を地方公共団体の長が所管できる特例については、その後、「地域の自主性及び自立性を高めるための改革の推進を図るための関係法律の整備に関する法律」として二〇一八年十二月二十五日に閣議決定し、一九年六月七日に成立、公布された。これによって、社会教育法、図書館法、博物館法と「地方教育行政の組織及び運営に関する法律」などの一部が改正された。

例えば、「地方教育行政の組織及び運営に関する法律」の第二十三条（職務権限の特例）の改正によって、「当該地方公共団体の長が、次の各号に掲げる教育に関する事務のいずれか又は全てを管理し、及び執行することとすることができる」として、「一　図書館、博物館、公民館その他の社会教育に関する教育機関のうち当該条例で定めるもの（以下「特定社会教育機関」という。）の設置、管理及び廃止に関すること（第二十一条第七号から第九号まで及び第十二号に掲げる事務のうち、特定社会教育機関のみに係るものを含む。）」と規定され、社会教育施設が首長部局によって所管できる法律が整った。

この法改正について議論していた中教審、生涯学習分科会の「公立社会教育施設の所管の在り方等に関するワーキンググループ」が提起していた「政治的中立性の確保」については、「社会教育法」第八条の二に、社会教育施設を地方公共団体の長が、管理・執行する際には、「当該教育委員会の意見を聴かなければならない」とし、また、第八条の三では、当該施設の管理と執行に際して、「その職務に関して必要と認めるときは、当該特定地方公共団体の長に対し、意見を述べることができる」という規定を設けて、必要な場合には、教育委員会が首長に対して意見の聴取や具申をする機会が担保されるにとどまった。(5)

さて、「私」は民主主義国家のなかで主権者として存在しているけれど、その仕組みは「支配と被支配」を伴う両義的なものだ。さらには、その意思決定は、私たち一人ひとりの主権者がもちうる情報によって判断が左右される。そして、私たちが能動的に振る舞わないかぎり、政権与党の提案を最善とする情報ばかりが目につくことになる。

提案された政策に否定的な情報を探したけれどいまのところ見当たらないのであれば、その政策の信頼性は向上する。決定に否定的だった少数派も、民主主義というルールを踏まえて納得せざるをえない。

このような政治的プロセスでは、事前・事後に検証可能であることが民主主義の信頼性を高める。その運用に際して当事者である主権者の納得を調達できることで、現在の政治的プロセスは「他よりはまし」な統治方法として維持しているのかもしれない。

主権者としての「私」が民主主義という政治プロセスで公正かつ正当に振る舞うには、政府が提供する情報とは別に、政治的中立性を保持する機関による調査や情報探索という公的サービスが必要だ。

公立図書館は、そのような民主主義を支えるための教育機関として機能しなくてはならない。ところが、自治体が設置する図書館が当該自治体の行政情報を網羅的に提供しているかというと、残念ながらそうではない。

例えば、一九七七年に東京都日野市立市政図書室が日野市役所内に開室し、市民や議員、職員をサービス対象に日野市の行政資料だけでなく、近隣市の行政資料も収集して政策の比較検討ができるサービスを展開したが、この動きは全国へと波及することはなかった。

多くの公共図書館が『市民の図書館』として手本にした日野市立図書館の行政情報サービスが、なぜ実践的な広がりを見せなかったのだろうか。それは、『市民の図書館』の三つのセオリーである「貸出サービス」「児童サービス」「全域サービス」がもつプロパガンダ力と、その実践の効果による現場へのインパクトの強さのためだろう。

『市民の図書館』は、「少なくとも日本の市立図書館が平均で人口の二倍の貸出しをするまで、そしてわれわれ自身の図書館がこの平均より高いサービスをするまで、質だ量だという議論はやめようではないか」[6]と全国の図書館員に呼びかけた。市民にそっぽを向かれていた図書館は、新しい思想に基づく市民に開かれた図書館サービスによって多くの利用者を得た。

多くの利用者にサービスをすることの喜びが、「貸出」が図書館サービスの基本だという実感を強固にした。本来、図書館法第一条が目的としてうたう「国民の教育と文化の発展に寄与する」という大きな命題のために、「貸出」を通してどのような便益を市民に提供すべきかについては、深く問われることはなかった。

図書館奉仕について規定した図書館法第三条は、実施に努めなければならない事項の筆頭に各種資料の収集と提供をあげ、その行頭に「郷土資料、地方行政資料」を記述している。日野市立図書館では、貸出サービスの堅調な利用状況を足掛かりに、図書館法に忠実なサービスの展開を図った。それは現在も連綿と受け継がれ、日野市の地域行政サービスとして当たり前に機能している。

地方自治をライフワークとし、現在も図書館の重要性について各地で講演を続けている片山善博元総務相は、「図書館は民主主義の砦」だと力説している。そうした観点から現在の公共図書館を見るとき、本質的にやるべきことがないがしろにされていると思わざるをえない。

◆―民主主義と資本主義がもたらしたもの

スペインの哲学者であるホセ・オルテガ・イ・ガセットは、「私とは、私と私の環境である」[7]という有名な言葉を残している。「私」とは、自己完結的に存在しているのではなく、何らかの、そして様々な環境による関与のなかで生きているものだという考えである。「私」が存在していることに影響を与えた過去とはどのようなものだったのかという歴史的な視野に立って、いま現在の世界と私を見る必要があるという指摘だ。

長い時間をかけて受け継がれてきた慣習や伝統、あるいは時間の経過のなかで姿を消していった様々な事象など、それらの連続のうえに、現在という状況はある。現代に生きる私たちは、この状況を作り出してきた歴史に学びながら、いまを生き、明日という未来の課題を模索する必要があるのだろう。

民主主義とは、私たち一人ひとりの主権者によって国家という共同体を統治しようとする制度である。その政治的判断は、「多数による支持」という事実によって決定され正当化される。その判断が、結果として多くの主権者にとって有益なものかどうかは、現代という時代では評価できないこともある。つまりは歴史の審判を仰がざるをえないのである。

そうであるならば、現代の意思決定においても、過去に目を向け、類似した課題を探求し、その施策の検証をおこなうべきである。

オルテガは一九三〇年に『大衆の反逆』[8]で、多数派という正しさの判断だけに依拠して社会を支配しようとする状況を「超民主主義」と呼び、歴史や他者から学ばない凡庸な「私」による短絡的な民主制に警鐘を鳴らしている。

ここでの「大衆」という言葉は、私たちがイメージする一般的な意味合いとは異なり、「貴族」という存在との対比として表現されている。オルテガが言う「貴族」という存在は、精神的なありようを意味し、ブルジョアやエリート的存在を指すものではない。つまり、「過去から受け継がれてきた、生活に根付いた人間の知。あるいは、自分と異なる他者に対して、イデオロギーを振りかざして闘うのではなく対話し、共存しようとする我慢強さや寛容さ」(9)というオルテガが考える「リベラリズム」を身につけた人こそを「貴族」と位置付けたのである。こうした「貴族的精神」をもたない「大衆」によって民主主義がおこなわれることに、オルテガは危機感をもっていた。

こうした問題を考えるときに、オルテガが意識したのは「死者の存在」である。現在の社会が構築されるまでに、過去に生きた人々の失敗や英知の積み重ねがあった。そのなかで、長い時間を経て維持されてきた価値観や社会的規範を、現代に生きる者の多数派の考えで軽々しくなきものにしていいのか、という懐疑がオルテガにはあった。これは、どれだけ多数派の支持を得たからといってもしてはいけないことがあるという考えであり、立憲主義という思想に行き着く。

わが国では、そうした普遍的価値が憲法によって定められている。「表現の自由を規制すべきだ」と仮に多数派が支持しても、憲法はそれを許さない。一方でその憲法は、「国民主権」という民主制をも規定していて、両者は明らかに相反している。ただ、高度な政治性をもつ国家の行為については、裁判所は判断を避けてきたという実態を見れば、法理学的には憲法よりも民主主義を優先してきたと考えられる。[10]私たちの国の民主主義は、そのようにして維持されてきている。

さて、戦後日本は、高度経済成長によって目覚ましい経済発展を遂げてきた。その過程で全国の農山漁村から労働者を都市に呼び寄せ、かつて運命共同体によって構成されていた農耕社会は、労働と賃金、および生産と消費で成立する資本主義社会へと姿を変えた。

コミュニティーのあり方も大きな変化を遂げた。相互扶助的な地縁関係は希薄化し、多くの国民は核家族として構成され、あらゆるサービスを賃金で購入する消費者となった。

私たちは、労働と消費という私的な存在を成立させる社会的領域で活動をすることで、生活を営むことができるようになった。私たちは、現時点での私たちの生活や社会制度に関心をもっていれば取り立てて困ることはなく、主権者としての政治的関心もその範囲に限定されたものになっていったのである。

しかし、戦後のそうした営みは少しずつ綻びを見せ、グローバリゼーションという世界潮流の影響もあって、少子・高齢社会の先鋭化や様々な格差問題など、複雑で困難な状況に見舞われている。とりわけ子どもの貧困問題は、貧困の固定化と連鎖を背景にもち、放置すれば格差の拡大再生産が進み、修復困難な社会病理へと発展する恐れがある。

若年層の非婚化や孤立の進行も、コミュニティーの最小単位である家族という存在の危機を予言するものである。

私たちは、他人事ではないこれらの事態の進行にいったい何ができるのだろうか。資本主義という経済体制による世界的な潮流の負の側面に、民主主義という統治制度は有効な対策を繰り出せるのだろうか。

◆――図書館で「生きている死者」の声を聴く

オルテガは、「生きている死者」という考えを示している。私たちは、いまという時代に生きている私たちがこの世界にかかるすべての決定を下せるものではなく、かつての生者であった死者の声に耳を傾けなければならない、と忠告している。過去に去った死者よりも、自分たちのほうが優れているという過信は、その自信を維持するために過去を見下し、あまつさえ未来への不安も抱えることから、強権的な政治権力へと展開することになると指摘している。

つまり、過去に生きた死者の存在を感受する精神や歴史に学ぶ姿勢を欠いた、いまを生きる人たちだけで営まれる民主主義の危うさを、ファシズムが台頭する時代にオルテガは看破していたのだった。

さて、このようなオルテガの思想に触れるとき、図書館が果たすべき使命と役割の大きさを感じないわけにはいかない。私たちが日常生活を送るなにげない毎日にも、民主主義的なプロセスで様々な意思決定がなされている。「知らなかった」というのはたやすいが、そこで決定された政治的判断は誰の身にも等しく降りかかる。

私たちが、主権者の権利を主張するなら、その義務や責任も引き受けなければならない。それは、端的に言えば「無関心」という怠惰な姿勢から一歩でも踏み出すことだ。

さしずめできることは、いま、おこなわれていること、あるいはおこなわれようとしていることが、その行為が射程に置く現代と未来にとって妥当なことかどうかを評価することだ。そのためには、それを評価する尺度が必要である。

未来に起こることが正確に予測できない以上、私たちは過去に起こった出来事から、状況の類似性を見いだし、これから起こりうることを想像するしかない。そうすることで、過去に事例がないという発見があれば、いまなされようとしている行為の結果は、「わからない」と暫定的な判断ができ、安易な未来予想を少なくとも相対化することができる。

過去の営みや歴史に学ぶことの意味は、現代を見据え、未来を計ることとである。

図書館には、いわゆる歴史学としての資料もあれば、様々な主題分野ごとの歴史を紐解いた資料もある。つまりは、戦国時代の歴史を学べるだけでなく、図書館史についても学べるし、建築史や法制史、生物史や教育史についても資料が用意されているのである。

私たちの日常にある暮らし、仕事、教育や福祉といった身近な政策について、その歴史をたどることで見えてくることは少なくないだろう。

図書館は、日常に存在する教育機関として、主権者である市民に様々な歴史的認識を与える、つまり「死者の存在」に気づいてもらえるような資料提供をおこなうべきだ。

意思決定のプロセスをなかったことにしようとする現下の政治状況を見るとき、歴史に学び、その過程を検証するという行為を日常的な規範として慣習化することが、私たち主権者が最初にできる民主主義を擁護する行為ではないだろうか。

2――リベラルアーツと図書館

◆――教養とは何か

リベラルアーツを辞書で引くと、古代ギリシャに起源をもつ自由七科、すなわち「文法」「修辞」「理論」「算術」「幾何」「天文」「音楽」を基本とする「人を自由にする学問」と説明している。[11] 単に「教養」と訳す場合もあるが、おおよその意味は「自由になるための技術」と理解されているのではないだろうか。

さて、リベラルアーツについて考えるには、自由を阻害するものとは何であるかを問う必要がある。既存の知恵や学問は私たちの「問い」から生まれ、導き出された「答え」は私たちをある領域の無知から解放して行動の自由をもたらしてくれる。しかし、その自由が切り開いた地平には、また新たな問いが潜在していて、既知の認識は固定観念として未知の領域の解読を阻害する場合がある。

ともかくも図書館にある資料は、国会図書館の玄関にある言葉ではないが、「真理は我らを自由にする」がごとく、森羅万象についての知識群によって私たちの行動の範囲を広げてくれる。しかし、リベラルアーツという学びや態度は、こうした道具としての知識の習得を指すのではない。これらの知識の使い方、あるいはこれらの知識によって形作られている自明性を疑い、より広範な自由を獲得するために取り組まれる思考と行動なのである。

さて、リベラルアーツが発揮される最も顕著な状況として、地域社会での市民活動をあげることができる。それぞれの地域をより住みやすくするために、あるいは様々な課題解決のために、市民自らが主体的に行動するには、自身の考えをもちながら、多様な意見を受容する寛容さと、妥協して結論を急ぐことなく、粘り強く合意を調整する忍耐力と柔軟性が求められる。このようなお互いの自由を認め合いながら相互に受容できる「納得解」を導く人間力が、リベラルアーツによって培われる力の一つではないだろうか。

このような観点から、昨今言われる市民協働を基調とした政策は、基本的人権の尊重や民主主義という価値の実現に際して大変意味があることではないかと感じるのである。

私たちが生活する地域では、法律や条例を基盤としながら、首長と地方議会という二元代表制による意思決定を経て、その政策実行が正当化されている。いろいろな思いをもつ個人の要望が百パーセントかなえられる行政などというものはありえない。ここでは、より多くの誰かの納得を得るために、少数の誰かの主張を犠牲にする「最大多数の最大幸福」を目指さざるをえない。

しかし、地域社会に存在する幾多の意思決定は、こうした功利主義的な論理ですべておこなわれているわけではない。そこには、目先にあるより多くの人の利益よりも、将来にわたって意義がある取り組みが優先されることがある。

雇用を増やし税収を上げる工場誘致よりも、地元にある資源を生かした産業振興や、未来に美しい景観を残すことを選択する政策や民主主義的判断がある。そこには、合意形成に際して多様な意見を承認したり尊重したりすることによって、その地域にとって何が有意義なのかを議論するという地域力が存在している。

もっと身近な例で考えれば、地域の秋の文化祭の事業企画を決めていくという場面でも、慣例や有力者の意見を既定路線とするのではなく、様々な意見を出し合い、承認し合いながら、最終的な合意形成をしていくというプロセスを成立させるのは、地域に生きる人々のコミュニケーション力と言っていい。

家族でも会社組織でも地域社会でも、あるいは自治体でも、この意思決定が民主的な合意形成プロセスでおこなわれる場合は、自由が保障されている社会と言っていいだろう。

こうしたいわば「熟議力」を育むのが、リベラルアーツなのではないだろうか。図書館は、多様な資料や情報を有し、集会施設も有する社会教育施設として、リベラルアーツが育まれる場であるべきだ。図書館司書も、「資料提供」という土台をベースにしながら、社会教育主事や公民館主事などと協力して、リベラルアーツを育めるような公共空間として図書館を再構築していければと思う。

そのためには、現代の社会状況や地域に存在する多様な問題や将来の課題について、あるいは利用者に提供した資料による様々な気づきを素材に、講演会やシンポジウムなど関心を共有する市民が交流できるプログラムを積極的に展開していくべきである。

こうした図書館からのいわば市民で議論してみるべき話題の提案が地域や施策ベースでのコミュニティー形成の呼び水になって、公論形成や民主的熟議のエートスを生むことになるのではないだろうか。

リベラルアーツを育む図書館の取り組みは、リベラルアーツによるまち育てにつながる「市民協働」のネットワークづくりにつながっていくだろう。

◆――リベラルアーツとオープンデータ

リベラルアーツとは、「自由になるための技術」と理解されていると述べた。「自由になる」ためには、学びに必要な資料や情報が、私たちにとって入手しやすいものであることが重要である。図書館情報学的な用語で表現すれば、あらゆる「情報資源」がオープンにされていることはきわめて重要である。

このことは、民主主義を実現させるために様々な情報が主権者に開かれていることにも通じる。私たちが知的自由を保障され、その基盤のうえで創造的な日常を営むことは、過去に生きた「死者」の英知に敬意を払い、寄り添いながら学ぶことにつながる。

そこで、情報資源がオープンであることの重要性をあらためて指摘したい。

一つ例をあげよう。図書館界では毎年、「図書館総合展」という、図書館関連の商材やサービスのフェアと講演やフォーラムで構成されるビジネスイベントがある。そのアクティビティーに、NPO法人・知的資源イニシアティブが主催する「Library of the Year」がある。これは、「日本一の図書館」を決めるものではなく、「これからの図書館のあり方を示唆するような先進的な活動を行っている機関」を毎年顕彰するものである。二〇一四年にその大賞を受賞したのは、「東寺百合文書WEB」を公開した当時の京都府立総合資料館（現在は、「京都学・歴彩館」）である。評価内容は以下のようなものである。

「東寺百合文書WEB」[12]は、資料価値もさることながら、収録データをCCライセンスに準拠する「オープンデータ」とし、いわゆる「OpenGLAM」[13]の格好の事例となっている。誰もが自由に利用できると明示して提供したこの姿勢は、MLA機関の指針となっている点を高く評価したい[14]。

CCライセンスとは、クリエイティブ・コモンズ・ライセンスを提供している国際的非営利組織とそのプロジェクトの総称だが、「東寺百合文書WEB」は、このライセンスのなかでも比較的利用自由度が高い「CC-BY」というライセンスで公開されている。その条件とは、「原作者のクレジット（氏名、作品タイトルなど）を表示することを主な条件とし、改変はもちろん、営利目的での二次利用も許可される最も自由度の高いCCライセンス[15]」と説明している。

「東寺百合文書」自体は、もちろん同館自身が作成したものではないが、文化資源として公的価値が高い資料を保存しながら、これを活用するために長い期間をかけてデジタル化し、最も自由度が高いライセンスで公開したことはきわめて画期的である。

ちなみに瀬戸内市民図書館では、「東寺百合文書に見る長船福岡庄の歴史」と題した講演会を企画し、「東寺百合文書WEB」から画像を取り込んで告知フライヤーを作成し、当時の京都府立総合資料館のキーパーソン[16]に講話をしてもらった。地元の郷土史ファンが多数詰めかけ、会場は大盛況だった。

地域の歴史的文書から当時の暮らしを知り、現在の私たちの生活文化に思いを致し、地域の未来を文化資源の活用によって開いていこうという動きが、瀬戸内市では図書館を活動拠点として始まっている。

このように、CCライセンスのような条件下で、あるいはまったく無条件に誰もが利用できるウェブ上の公開データを「オープンデータ」と呼ぶ。

オープンデータの潮流は、ティム・オライリーによる、フリーソフトウェアとオープンソースの運動から始まる。オライリーは、情報の送り手と受け手が固定され、送り手から受け手への一方的な流れであった状態から送り手と受け手を流動化させ、誰もがウェブサイトを通して自由に情報を発信できるウェブの利用状態を目指した「Web 2.0」の提唱者でもある。

こうした動きは、オープンガバメントの志向をもたらすことになった。オープンガバメントとは、アメリカのバラク・オバマ政権が積極的に推進した政策で、二〇〇九年一月に、①透明性、②市民参加、③官民連携の三つの基本原則を表明している。オバマ政権は具体的な取り組みの第一弾として、政府や自治体などが保有する統計データの利活用の促進事業をおこない、膨大で貴重なデータをオープンフォーマットやアプリケーション開発に利用できる形式で公開する「Data. Gov」を開設した。民間企業では、これらの統計データなどを活用してサービスを提供するなど、データの「民主化」が推進され、大きな注目を浴びた。

日本のように「何を公開するか」という議論以前に、公開を前提としたオープンフォーマットがさが表れていると言えるだろう。

提唱され、政策として実現するところに、オバマ大統領の民主主義にとっての情報の価値意識の高

◆――オープンデータの先にあるもの

民主的な地方自治が実現され、国政に主権者の意思が反映されるために、意思決定に必要な判断材料としての情報に自由にアクセスできる状況を作り出すことは、行政の大きな責任である。またそうした情報とともに、地域の生活文化や歴史文化、芸術文化についての情報を市民にとって身近なものにすること、そして仕事や人生の将来性を展望するうえで必要な情報へのアクセスを豊富に用意することは、公共図書館としてきわめて重要な使命であり責任でもある。

さらに、このように市民に開かれた情報をどのように有益に生かしていくかという情報活用プログラムを提供することも、教育文化機関としての図書館に求められる仕事である。まずは、図書館自らが「当該図書館の図書館奉仕に関する地域住民その他の関係者の理解を深めるとともに、これらの者との連携及び協力の推進に資するため、当該図書館の運営の状況に関する情報を積極的に提供するよう努め」ていくことから始めていかなければならない（図書館法第七条の四　運営の状況に関する情報の提供）。

瀬戸内市立図書館友の会・もみわフレンズ(17)は、図書館の地域資料を活用したユニークな事業を展開している。例えば、図書館の地域資料を活用して瀬戸内市の歴史や文化、自然、産業、芸術などを素材に「せとうちふるさとカルタ」を制作した。制作作業は、市民に呼びかけて開かれた場であ

る図書館でおこなった。取り上げる素材選びから始まり、読み札のテキスト検討、取り札のイメージデザイン、印刷の仕様まで、すべて友の会メンバーがおこなった。図書館は、素材選びに参考になる資料の準備と、読み札のテキストの史実や事実の校正、監修を受け持った。

印刷して箱詰めされた「せとうちふるさとカルタ」は、教育委員会を通して市内の小学校に配布し、ふるさと教育の教材として活用されている。

また、瀬戸内市民図書館がウェブで公開している「みんなでつくる せとうちデジタルフォトマップ[18]」では、市の広報課が撮影した写真や市民の写真愛好家グループが撮りためた瀬戸内市の自然や建造物などの文化財の数百点の寄贈写真を、営利使用も含めた二次利用も可能なライセンスで公開している。このサイトは、「Googleマップ」へのリンクで写真とともに地図データの提供もおこなっていて、スマートフォンで利用すれば観光情報として活用できるほか写真の投稿も受け付けていることから、瀬戸内市の各地を訪れた旅行者や市民からの投稿で、コレクションは日々充実していく可能性を秘めている。

図書館が仕掛けを用意することでデータのオープン化が進み、そしてオープン化されたデータを活用した文化的な活動が生まれることが、これらの事例から見て取れる。

地域文化のコンテンツ化やその利用に市民が参画することは、市民の地域理解の促進と愛着形成にとってきわめて意味があることである。もちろんそれらは、他者から動機付けられて義務的に取り組みが生まれるものではない。日常の暮らしが風土とは無関係に成立するものでないかぎり、私たちは根を下ろしている土地に、自然な身体感覚として風や土を感じるように、地域の営みとしての文化に心を寄せる者でありたいと思う。そのようなエートスを醸し出すことを助けるのが、図書館がおこなう資料提供や展示企画なのである。そうした活動が市民との協働によって成立することは、さらに重要なことではないだろうか。

3――これからの図書館員の仕事

◆――サービス対象の全方位的なサポートを志向する

日本の図書館は、図書館資料を日本十進分類法を使って分類している。これは、個々の図書館資料の主題性を文字どおり十通りに大きなカテゴリーに分け、さらにそのなかで十通りの分割をおこなってより細分化してまとめられたものだ。

具体的に見てみると、〇類は「総記」として情報学、図書館、図書、百科事典、一般論文集、逐次刊行物、団体、ジャーナリズム、叢書などの主題性や形態性に分けられている。また、一類は「哲学」として哲学、思想、心理学、倫理学、宗教、二類は「歴史・地理」として歴史、伝記、地理、三類は「社会科学」として政治、法律、経済、税、統計、社会、教育、風俗習慣、国防、四類は「自然科学」として数学、物理学、化学、生物、医学、五類は「技術」として工学、工業、家政学、六類は「産業」として農林水産業、商業運輸、通信、七類は「芸術」として美術、音楽、演劇、スポーツ、諸芸、娯楽、八類は「言語」、九類は「文学」というように分類されている。

あまたある著作物は、人知が及ぶ森羅万象を対象に創造される。図書館がサービスの対象とするのは、こうした多様な知的対象への好奇心をもっている利用者である。その好奇心のありようは、顕在的なものだけでなく、ときに潜在的なものでもある。

図書館が教育機関である以上、図書館員は、提供した資料や情報によって対象が何らかの学びを得られたか、サービスの結果についても思いを致さなければならない。社会教育での主体的な自己学習だから、提供してしまえばあとはわれ関せずという態度では、「国民の教育と文化の発展に寄与する」奉仕とは言えない。貸出冊数が多いことをいくら誇ったところで、そこに対象の姿が浮かび上がるようなサービスでなければ、内実のない無味乾燥な数字でしかない。

図書館が設置された地域住民のいったい何割が利用し、そしてどれほど多様な主題の図書館資料や情報が利用されたかを示すデータと、その背景にある利用者の「物語」が見えなくては、図書館サービスの成就は確信できない。もちろん、訪れる利用者すべての知的好奇心と利用資料の関係性について把握することはできない。しかし観察すれば、利用者の興味・関心の様子をうかがえるようなデータがある。例えば、分類別貸出統計である。

分類別貸出統計をNDCの三桁の要目表（第三次区分表）レベルで観察すると、そのまちに住む人々の様子が見えてくる。

第5章第2節で取り上げた事例をもう少し詳しく紹介したい。二〇〇六年に一市六町で合併してできた滋賀県東近江市の図書館に勤務していたときのことである。合併したまちの図書館に異動になったとき、分類別貸出統計を出してこの図書館で利用される資料の主題特性を観察しようと試みたところ、ある分類の利用状況が目にとまった。

それは、５０９という分類番号が振られた主題で、製造業での工程管理、品質管理、設備管理などの書籍に与えられる分類である。５０９分類の貸出回数を５０９分類の蔵書数で割った蔵書回転率が、蔵書全体の回転率をはるかに上回っていた。ただ、５０９分類の蔵書数自体が決して豊富な冊数ではなかったため、少ない資料が一定の資料要求によって利用されて、回転率としては高くなったのではないかと思った。しかし、実際に棚の前で配架された５０９分類の資料を見ると、出版年が相当古い資料が並んでいた。この図書館では、５０９分類の資料は買い足していないことがすぐに見て取れた。つまりこの図書館の職員は、この主題にニーズがあるとは考えていないということがわかった。

しかし、鮮度があまり高くない資料がいまも繰り返し利用されていることを示す分類別貸出統計に触れて、これはもっと強いニーズが隠れているのではないかという仮説が頭をもたげた。

当該町の行政統計から就業種別人口統計を調べてみると、製造業の従事者が二五パーセント、なかでも紙工業とガラス工業の従事者が多いことがわかった。このまちは、旧来からある農村地帯とＪＲ沿線駅がある京都のベッドタウンで、図書館は、ホワイトカラーのビジネスパーソンと農業従事者のニーズに合う農業関連、人文系、社会科学系、なかでもビジネス系を中心に蔵書構成を調えていた。

そこで、これまであまり蔵書していなかったいわゆる「ものづくり」の生産管理系の資料を重点に選書して様子を見てみようということになった。『絵でみる工場と生産管理』(19)や『完璧品質をつくり続けるものづくり組織能力』[20]といった類いの図書である。職員全員で生産管理系だけでなく製造業の技術系の分類の資料も選定し、数カ月間「ニッポンのものづくり」という特設コーナーを設置してそれらの図書を表紙見せするなどのプロモーションを展開した。

結果、六カ月という期間ではあるが、509から532（機械工作）までの分類図書の貸出が、前年の同期間よりも一一パーセント増加した。この図書館の開館整備に携わった図書館員は、「工業系にニーズがあるとは想像できていませんでした」と驚いた様子だった。

年間八万タイトルに及ぶ新刊書籍から、予算の範囲で、顕在化している利用ニーズと利用者から寄せられるリクエストへの対応も含めて資料を選定することは相当骨が折れる仕事である。しかしそうした日常に取り紛れて、図書館に受け入れた資料がどのように利用されているかを評価するプロセスを怠るべきではない。

その図書館の棚にないだけで、実は一定のニーズがある主題分野が、そのまちにはあるかもしれない。そうした状況は、蔵書の動き具合と行政がもつ住民に関する統計との照合によって浮き出てくるかもしれないし、まちを歩いているときにふと目にとまった単身者向け住宅の増加に、新たな利用者の可能性を見いだすかもしれない。

いずれにしても、そのまちに住む住民の知的好奇心の領域は、図書館員が思う以上に広い。しかも、図書館が扱う情報資源は、理性にも情動にもはたらきかけ知的・精神的な活動に影響を及ぼすものであることを、図書館員は十分に認識しておく必要がある。

そして、その主題への興味・関心は、決して単層的ではなく、複数の層が相互に関連し合っている場合もある。例えば鉄道写真の愛好家は、鉄道とカメラという二つの主題に興味があるかもしれない。また、仏像の愛好家は仏教への関心とともに文化財保存、修復技術の主題の両方に関心がある可能性もある。「まちづくり」について学んでいる人は、都市計画や建築デザインへの関心に加えて、様々な人々の意見を聞き取り、合意形成を図る政策プロセス論にも興味をもっていることもありうる。

その人の興味・関心について、資料や情報を提供することの基本を踏まえながらも、図書館サービスはそれだけでは終わらない。レフェラルサービスと言われる、利用者が必要とする情報の情報源となりうる人もしくは機関・組織を知らせるサービスもある。例えば、子育て中の人に資料を薦めるなかで、子育てに関する悩みを相談されることがあったなら、保健福祉系の相談窓口を紹介することが考えられる。介護保険や介護サービスについて調べている人がいれば、介護に関する相談会のパンフレットを渡すことも検討しなくてはならない。

あるいは、あらかじめ専門機関と市民をつなぐ目的で、図書館を会場に認知症に関する講演会や発達障害児のケアについてのセミナーを開催し、関連する図書館資料との接点を作るとともに、講師として招いた担当部署の専門職と参加者の交流時間を設けることによって行政の相談窓口の敷居を下げることも、図書館の取り組みとしてできる。

図書館は、資料情報提供というサービス形態を足掛かりに、その手法だけにとどまらず、蔵書世界の網羅性を踏まえ、そのまちに生きる人々の多種多様な興味・関心を全方位的にサポートするために何ができるかを考えなくてはならない。

◆――図書館だから見える"つなぎどころ"

図書館は、公刊されている図書や雑誌といった資料を購入することで様々な最新情報を市民に提供しているが、図書館にはそれ以外にも様々な情報が流れ込んでくる。公共施設からの講座や催し物の告知資料、公的機関からの政策周知やＰＲイベントの案内、市の各部署の取り組み案内、公益財団の文化事業の告知などである。これらには、図書館で告知を手伝うフローとしての情報と地域資料としてストックされる情報資源という側面が在する。

また、図書館には様々な調査相談に資料・情報の提供で応えるレファレンスサービスがあるが、その問い合わせ内容は、個人的な課題であると同時に、同様の問題をもつ市民に共通の課題でもありうる。そしてこれは、まだ施策になる以前の課題だったり、制度の隙間に存在する救済すべき事象かもしれない。

例えば発達障害について、診断がついた子どもには、福祉部門と教育部門の連携によってそれなりのケアが制度化している。しかし、いわゆるグレーゾーンと言われる子どもの場合、保護者が受診をためらう傾向があり、診断されないまま親子ともに困難を抱えながら適切なケアを受けられずに二次的な障害を併発することもある。

そうしたときに、このような子育てに悩む親をサポートするＮＰＯを紹介することが考えられる。発達障害児の育児経験をもつ親で組織されたＮＰＯのＰＲチラシを預かっていた図書館は、資料相談を通して発達障害の図書を提供した利用者にNPOの「子育てひろば」の案内を手渡した。これは実際に瀬戸内市での経験だが、制度が届かない親にケアを提供したい組織と、制度によるケアを受けていない当事者とを確実につなぐことができた。

このNPOは、PR資料に「発達障害」という表現を一切使っていない。子育てにちょっと困り感がある方、という示唆的なニュアンスで、可能性がある子どもの相談の敷居を下げている。このケースでは、制度が保障するケアに届かない背景として、「発達障害」という現実を受け入れることによって生じる社会的偏見への危惧が存在している。

そうした背景を示すエピソードがある。滋賀県永源寺町で、町の教育委員会の一室で「教育相談」と銘打った臨床心理士による学習障害などの相談サービスを実施していた。しかし、教育委員会の建物に「教育相談」という掲示がある部屋に入っていくことが相当なハードルだったのか、相談者はほとんど来なかった。そこで教育委員会は図書館と協議し、図書館の小会議室を相談室に変更し、相談申し込み者に時間と場所を案内し、小会議室には特に掲示をしないで実施した。すると徐々に相談者が増え、図書館で発達障害や学習障害に関係する本を「子育て」関連の棚に集めて配架したところ、それらの資料が活発に利用されるようになった。

図書館には、課題をもって情報収集にやってくる市民と、様々な課題解決のための施策の実施をアピールしたい組織や機関の情報が集まる。この両者を有機的につなぐことも、図書館の仕事だろう。場合によっては、あらかじめ想定される課題についての情報共有の機会を図書館がコーディネートすることも考えられる。

滋賀県東近江市立図書館での事例である。二〇〇五年、団塊の世代が定年退職する時代を迎え、自治体ではこの世代の男性がうまく地域社会になじめるかということを一つの課題として捉えていた。女性は仲間を作って交流するのが上手だが、男性は苦手で、どうしても家に引きこもりがちになるという傾向が当時明らかになっていた。高齢福祉課がこれを課題にしていたのは、こうした退職男性が地域社会になじめず、自宅で時間を持て余し、日中からの飲酒によってアルコール依存症になったり、パチンコによるギャンブル依存症になるケースが全国で見られたからだった。

そんな折、心療内科医である黒川順夫さんが書いた『主人在宅ストレス症候群』[21]の返却を受けた図書館員が、退職男性が四六時中在宅していることで妻が精神疾患に陥るという病態が東近江市にもあるのではないかという問題意識をもち、関係課の職員にも相談して、この本の著者である黒川さんの講演会とフリートークによるセミナーを開催した。予想に反して六十人の参加者があり、フリートークではこの本で紹介されたものと同様の体験が複数の参加者から報告された。そして、驚くことにこの参加者のなかの一人は黒川さんのクリニックを受診し、治療を受けることになったのである。

企画した図書館員はもとより、男性高齢者の課題として考えていた高齢福祉課の職員は、ケアすべき対象はその妻でもあることを、驚きをもって受け止めていた。

このように、図書館は様々な課題の当事者間をつないだり、課題の当事者の存在を顕在化させる機能ももっている。これからの図書館員には、単に資料や情報を消費される資源として用意するだけでなく、その利活用によって新たな解決方法の創造につなげたり、顕在化していない課題の発見に結び付けていく、視点と企画力が求められるのである。

図書館が人と人、人と課題、あるいは住民と施策をつなぐときの大きな特徴は、それぞれの主体性が発露した状態で交流や結合を図れることである。

◆——市民の主体性、当事者性を引き出す

そもそも、図書館に来館したり、図書館のウェブサイトやSNSを通して情報を入手した人は、自分の意志で何らかの行動を起こしている。こうした人々は、図書館というサービスや空間に主体性をもって能動的に参加しているのである。

こうした機会に当人の興味・関心に応える情報源やサービスを提供することで、その人の課題に対する理解が深まり、関心事項への当事者意識は相当に高まることが考えられる。

また、仮に自分では取り立てて困難さや問題意識を感じていない人が、図書館で偶然出合った資料や行事に関心を示し、自分事として問題に向き合うこともある。瀬戸内市民図書館が地域包括支援センターと共催でおこなった「認知症サポーター養成講座」には、当日たまたま館内放送で知ったという市民が多数参加した。普段は福祉会館で実施されるこの講座には、通常四十人程度が参加するというが、図書館で開催したときは七十人以上の参加があった。

これから取り組むべき課題は、アクセスしてこない市民へのサービスである。図書館サービスもアウトリーチサービスという形で図書館の外へ出てサービスを展開しているが、それはサービスを希望する人に向けて届けたり、要望がある施設や機関に出向いてサービスを提供しているものであ

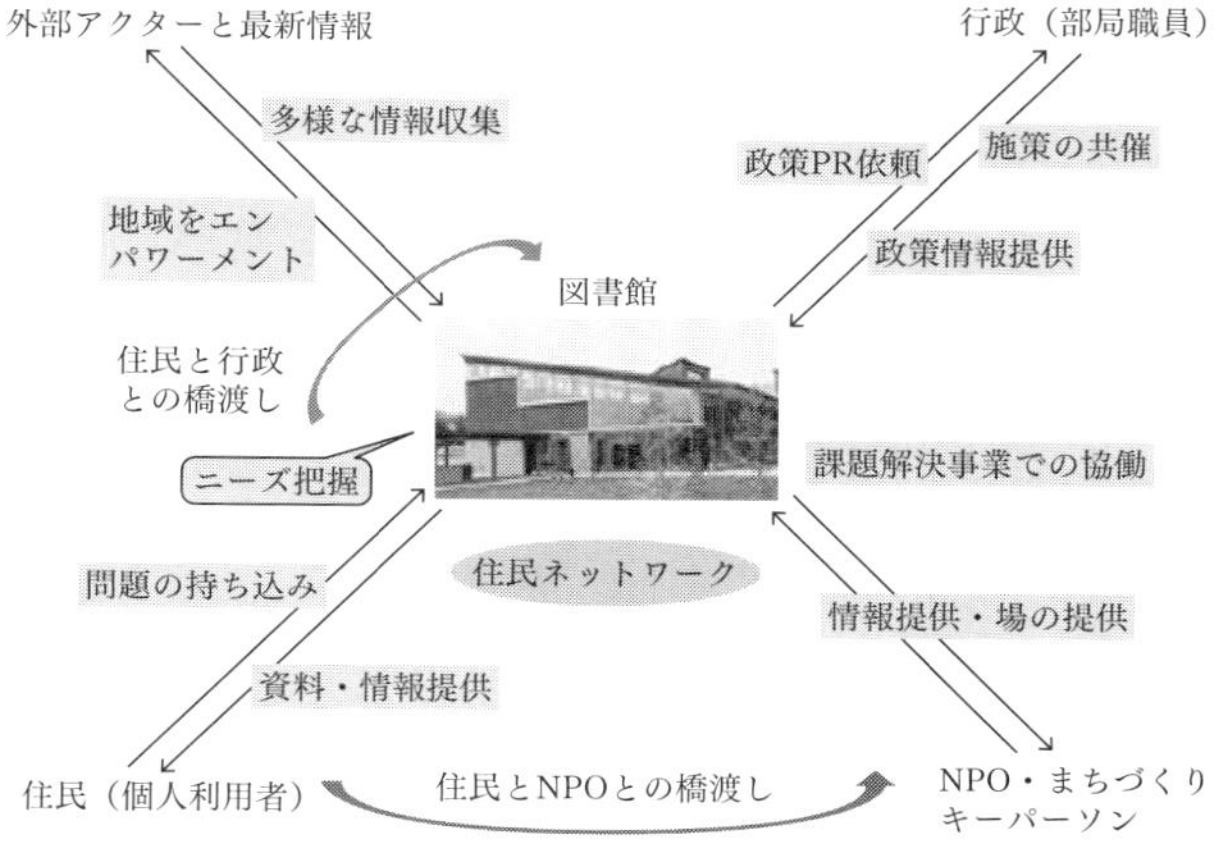

図3　地域社会の様々なアクターと図書館のつながりの関係図
（筆者作成）

る。

母子保健での乳幼児健診も、保健師にしてみれば「来てほしい母子」が来てくれないという悩みを抱えているという。図書館も、学校教育になじめない子どもや社会での集団活動になじめない成人が、個人として自由に学べる生涯学習機関として、こうした課題を抱える人々にこそ必要とされる施設として機能しなければならない。

平田オリザは、「引きこもりの方の中にも、コンビニと図書館には行ける人がいる」[22]と指摘している。

私の知人が館長を務める鹿児島県指宿市立図書館では、来館していた引きこもりとおぼしき若者に、まずは絵本を楽しむことをサジェスチョンし、ともに絵本を楽しみ、読書の喜びを感じてもらう時間を通して（居場所の確立）、次の段階では、図書館のおはなし会で語り手として参加することを提案し、子どもたちとの接点（出番）を作った。この引きこもりの若者は、徐々に人とのコミュニケーションがとれるようになり、図書館で見た様々な職業や資格の本に刺激を受けて職業訓練所に通うことになった。そしてついに、その訓練によって得た資格を生かした職業に就くことができるようになった。

図書館は、こうした社会的包摂機能も果たしながら、様々な状況にあり困難を抱える人々にも主体性と当事者性をもつように支援できるのではないだろうか。こうした地道な社会教育活動こそが、デモクラシーを支える市民を存立させる社会制度を担う図書館が取り組むべきことではないだろうか。

これまで述べてきた個人や地域の課題の解決に、図書館が情報や空間の提供をベースに、住民と行政をつないだりNPOと住民をつないだりすることによって、「住民ネットワーク」の形成に寄与できる姿を描いたのが、図3の「地域社会の様々なアクターと図書館のつながりの関係図」である。まず図書館は、普段の資料提供から住民の情報ニーズを把握できる機会をもっている。こうしたニーズのうち行政施策に関連するニーズを情報提供することで、施策の立案や実行に何らかの示唆を与えることができる。

また、図書館が入手した政策関連情報を様々な部署に情報提供することで職員の政策形成力の向上を支援したり、行政の各部門の施策に関する展示会や講演会などを図書館で開催することで不特定多数の住民に施策をPRしたりすることができる。

制度の隙間を埋めるべく、多様な現代的課題の解決に奮闘しているNPOも図書館のパートナーとして重要である。NPOがターゲットとしている課題領域の住民とNPOをつなぐことも、コミユニティ・オーガナイザーとしての図書館の重要な役割である。

ある施策やサービスを提供したい機関や団体とそれらを潜在的に欲しているクラスター（集団）を結び付けるために、図書館という「場」と機能を大いに活用してもらいたいし、図書館はそうした役割を積極的に引き受けるべきである。

このようにして、個人の自立を支えながら、個人が生きる地域社会をより生きやすいものにしていくための「住民ネットワーク」の構築が、図書館をハブとして形成できるのではないだろうか。

4———図書館・まち育て・デモクラシー

◆———心と頭の中にあるものに関わる

私たちは、日常生活にまつわる様々な行為や仕事における発話や行動をおこなうにあたって、蓄積された経験や知識を動員して、またそれらを複雑に組み合わせたりしながら、合理的に行動するよう自身を律している。なかには無意識のうちに手足が動くこともあるが、私たちは日々様々な必要に導かれて、あるいは自らの欲求に引かれて、認知と判断と行動を繰り返している。こうした行動の多くはもっぱら理性的判断によって遂行されているが、感情の生き物である私たち人間は、理性が予定していた計画が乱れると情念の発動を許してしまう。ちょっとした言葉の綾で、良好だったコミュニケーションが不調を招くこともある。

現代人の悩みの多くは「対人関係」だと言われている。図書館では、そうした心の痛みを少しでも癒やそうと、心理学や人生訓をテーマにした本が借り出される。あるいはそれは、文学作品や絵画、写真集のような芸術作品の書物の場合もあるだろう。友人との心の葛藤に悩む登場人物に自らを投影してカタルシスを得ることで、気持ちが軽くなったりもする。

私たちは、何かを得るために本を読むだけでなく、泡立ったり沁み込んだりする置きどころのない感情をどうにか落ち着かせるためにも、ページをめくることがある。自分の内にある負の感情を、自分の内で解放することができないとき、本という外部に置かれた理性や「作品」としての情念の力を借りることになる。

さて、現在私たちは、人類史上最も外部記憶に頼った情報処理環境に生きている。個別に見れば些末で意味がないと思える情報までをビッグデータと称してかき集め、人間の行動をパターン化できるまでに集積し、この外部記憶に疑似思考をさせようという技術まで登場している。

図書館は、図書や雑誌にとどまらず、電子化された地域情報やインターネットでやりとりされる情報をも、サービスのアイテムとして取り扱っている。人間に関するあらゆる情報の入出力が多様化されたメディアでなされる以上、避けては通れない宿命である。情報のプラットフォームがネット中心に変わったから、図書館はお役御免というわけにはいかない。書店でも図書館でも、まだまだ紙の本は書籍のメインアイテムだし、最新情報やアーカイブがネットで閲覧できるようになったからといって、誰もがそこにアクセスできるわけではない。瀬戸内市民図書館での経験でも、自宅にネット環境がないという人がパソコンを利用するために頻繁に来館していた。また、アクセスできる人でさえ、その情報源を自在に探索できる技術をもっているわけではない。編集された非常に有益な情報は、商用データベースであることが多く、そこには経済的排他性がはたらくことになる。

二〇〇三年、菅谷明子が『未来をつくる図書館』[23]で紹介して図書館界で話題になったニューヨーク公共図書館は、「え、これが図書館?」と思わされるサービスの数々を展開している。例えば、ネット環境がない利用者には接続機器の貸出もするし、コンピューターに不慣れな人へのサポートもあれば、商用データベースのリサーチスキルのセミナーまである。就職活動をする人のために新聞の求人欄だけをまとめたフォルダーがあったり、効果的な履歴書の書き方や面接対策の講座、専門職や資格試験の参考書や情報源も豊富に用意されている。また、来館せずとも、デジタルコレクションやデータベース、電子ブック、イベントアーカイブ映像など、年間三千三百万人がネット経由で利用しているのだ。

図書館は、人が考え、行動を起こそうとするとき、その思考を助け、不足している情報を補い、意思決定に必要な判断材料を提供する公的機関である。人々の情報入手手段や情報源が変化したところで、そこにどうしても生まれる情報の非対称性や情報へのアクセス格差、あるいは情報探索力の優劣などの課題を公共教育機関として是正する使命を、図書館はこの先も負い続けなければならない。

人間は、心と頭で自らの精神を調整している。文字、書写、そして活字印刷から本に至る歴史のなかで、人間は脳で追いきれない記憶を「外部記憶」化し、無数の人知の集積装置として図書館という制度を生み出してきた。

しかし、その「知」を生かそうとする人間の理性は、決して万能ではない。理性とは、現時点での主観の産物であり、歴史の評価を受けていないばかりか、世界のあらゆる主観の間での調整もおこなわれていない。つまり、理性とは、「現代」という瞬間に生きる自己という限られた思考範囲の暫定的な意思でしかない。理性には限界があると認識したうえで、「生きている死者」の声にも耳を傾けることで、理性は鍛えられるのではないかと思う。

さて、図書館は心と頭で起こることほとんどすべてに、何らかの関与が可能である。自分という人間が、限界がある理性とも喜怒哀楽を連れてくる情念とも付き合っていかなければならない存在であり、そうした未完成な自我をもつ無数の人々で構成されている世界で生きていく以上、私たちは常に謙虚でなければならない。つまり、自己の内面や他者との間で価値観なり行動規範なりの微調整をおこないながら生きていくことが求められるのである。

そのような寄る辺ない自己という認識が、デモクラシーには求められる。主権者たる私たちが社会の主役で、その理性に基づく多数派による決定が民主主義の価値であるという単線的な考えでは、その判断の合理性を疑うこともないまま、そこにあるかもしれない過ちに気づく契機を失うだろう。人間は、理性をコントロールできないばかりか、理性という精神活動だけで生きている存在ではない。人間も動物であり、本能的な側面をまだ色濃くもっているだけでなく、感情という精神活動をも、生きることの本質として内在してきたのである。

そのような人間存在を理解したうえで、図書館のサービスは設計されなくてはならない。図書館は、人の成長を助け、人々が生きる様々なコミュニティーの醸成にも寄与する「情報のある広場」

になるだろう。さらに、一人ひとりが主権者として存在するためにお互いの自由を認め合う「自由の相互承認」[24]を実現する関係性を作り出していかなければならない。あるいは、感情の動物である人間が、なぜ生き、世界は何であるのか、という永遠の問いを抱えながら、日々懸命に生きることを支えるよりどころとしても存在しなければならない。

このような理想を掲げて、図書館に集う人々でまち育てを始めてはどうだろうか。

◆——図書館から始まる「まち育て」

まちが育つ、とはどのような変化を指すのだろうか。人が育つという言葉は、身体的・知能的・精神的・経験則的な成長と発達を意味する。ついでながら、「成長」や「発達」についても検討しておきたい。

『広辞苑』[25]には、成長とは、「育って大きくなること。育って成熟すること」とある。一方、発達とは、「発育して完全な形態に近付くこと。進歩してよりすぐれた段階に向かうこと」とある。「成熟」という言葉も気になる。「穀物や果実などが十分に実ること。また、人間の体や心が十分に成育すること。物事が最も充実した時期に達すること」などと説明されている。ちなみに「育つ」は「成長すること」と説明があった。

人の成長に関して言えば、どのような視点や観点で評価しても、決して直線的なものではないだろう。身体的にはある時点から老化が始まるし、経験は蓄積されて知恵として生きる時期もあれば、変化への対応を阻害する固定観念に落ちる可能性もある。社会的な地位も当然浮き沈みがある。精神的な成熟というのはどうだろうか。歳を重ねても、自分の愚かさにさえ気づかないということもありうるだろう。

「育つ」という概念は、客観的現象でもあり主観的心象でもある。「地球の自転は事実で、太陽が動くのは心象」という例えが当てはまる。つまり、「事実は自分という心がなくても生起し、存在し続ける客観的現象」なのだから、自覚がなくとも他者から観察される変化によって成長は理解される。また、逆に「心象は心がとらえる主観的現象」なのだから、事実のいかんにかかわらず自覚によって成長を実感できる。

「まち育て」を考えるとき、この両方の見方をもって臨みたい。

まちが育つという状況を客観的に評価するならば、さしずめは可視化された統計データが思い起こされる。それはどのような事柄についてのデータだろうか。

「まち」をどの規模として捉えるかによって様々だが、一つには人口のありようである。社会全体が少子・高齢になっているなかで、年齢構成のバランスがいいまちは、特殊出生率や転入など新陳代謝が活発なまちとして育ってきたと言えるだろう。あるいは地域の産物、産業に由来する税収や雇用率が高いというのも、持続可能な地域の発展にとっては重要な成長要因である。住民による文化活動の団体数と活動回数が多いことも、文化資本[26]の形成にとって重要なファクターだろう。選挙の投票率が高ければ、自治意識、当事者意識が高い住民によって支えられている自治体と評価できるだろう。

まちの育ちを、住民の主観的な行為性から見るとどんなことが考えられるだろうか。まずは、「住みよい」と感じることであり、「住み続けたい」と願うことだろう。さらには、このまちに「いたい」という瞬間的な感性で自分の満足度を表現する人もいるかもしれない。

あるいは、誰かに移住を勧めたくなるという気持ち、「このまちでこんなことがしたい」というまちの未来に向けての展望があるという思いなども、そのまちが停滞しておらず動的に、あたかも有機体のように細胞分裂を繰り返して変化していることを示すかもしれない。

「まち」の育ちをこのような客観と主観の両面で捉えるとき、図書館が関与すべき仕事がいずれの領域にも広がっていることが想起できる。

例えば、地域の産物を生かした第六次産業による活性化を考えるとき、商品開発や流通、マーケティングやブランディング、生産や品質管理からスタッフマネジメントまで、図書館の資料や情報を駆使することで様々な有益な情報を得ることができる。自治体の地域産業振興には、図書館がシンクタンクとして機能することは不可欠である。

移住者が都市から離れることを考える際に覚える不安に、教育と文化の問題がある。しかし、図書館が都市と変わらない情報提供や居場所づくりや交流の拠点になることで、ともすると閉鎖的と見られがちな地方のコミュニティーに外の風を吹き込ませることができる。地元住民と移住者が、地域の文化やソフィスティケートされた都市文化を接点に交流することで、双方にとって刺激的な文化活動が生まれるだろう。(27)

あるいは、図書館が地域文化について様々な視点から図書の陳列や博物館的資料展示をおこなうことで、地元住民にも実は知られていなかった歴史や文化、見どころやお宝を認知し、自分が住むまちの価値にあらためて気づいてもらうことができるだろう。

そのまちの文化や歴史は過去の遺物ではなく、この土地で生きる私たちにその現代的価値を教えてくれるものとして展示企画を構成するのである。

そこにある産業は、有史以前から存在した自然の恵みを生かしたものであり、先人がいかに自然に親しみ、謙虚に向き合ってきたかがわかる遺産でもある。それを受け継いで、未来に求められるものとしてイノベーションしていくことは、その自然を熟知した先人の発想と工夫に学ぶことではじめて可能になるのではないだろうか。こうした営みが、そのまちへの自然な愛着と郷土愛を生むのであって、道徳の授業で教員から教えられたから醸成されるというものではないだろう。

まちが育つという多義的な言葉をめぐっては様々な定義や解釈が可能で、ここに記した事柄は、あくまで私の主観でしかない。しかし、そうした一部の主観からでも、そこで起こりうることへの想像は広がる。本書の各節で私の経験をいろいろと紹介したが、そこでつづった事実は、図書館という空間あるいはその機能によって、その土地に生きる人々が実際に行為してきたものである。

人々の知的成長や精神的成熟が、民主主義と立憲主義を支えるうえできわめて重要であり、図書館は、そうした一人ひとりの個人の成長や成熟を支援するために存在しなければならない。

なにげない日常の繰り返しのなかで、無意識に営まれる暮らしにちょっとした波紋を広げる揺らぎを、図書館の資料や情報、そして空間とそこに集う人々との触れ合いが与えてくれる。まぎれもない地理的現実としてのその土地に生きる私たちの、見過ごせば流れていく様々な問題や展望を拾い上げる、そのような「出来事」としての図書館が私たちにちゃんと機能するよう、まずは私たちの手で図書館をこそ育てていかなければならないだろう。

◆——アゴラとしての図書館

　私たちが図書館を育てることははたしてできるのだろうかという問いは、それでは、誰が図書館を育てられるのかという問いをも生む。答えは、図書館は住民によってこそ育てられる、ということである。もちろん、図書館員自身の自己研鑽、連綿と続く（べきである）司書から司書への指導と薫陶、自治体の政策、その他広い学問領域からの示唆など、図書館が変化し成長する契機はいろいろと存在する。

　しかし、「図書館は……」という主語の立て方がそもそも図書館の本質をずらしていて、本来は「私たちは、図書館で……」や「私たちは、図書館を……」といった目的語として発話するのがあるべき姿だろう。(28)

　さて、どんなささやかなことでもかまわない。図書館の情報提供によって、私たち一人ひとりの営みが、あるいはそれらが集合したコミュニティーの活動や「まち」の動きが、質的・量的に好ましい変化をすることを、図書館から始まる「まち育て」と呼んでみたい。

　例えばこんなことがあった。滋賀県東近江市と合併する前の永源寺町立図書館で、ある保健師が子ども朝食調査からわかった食卓での食の乱れについて問題視していた。栄養士ともこのことを話す機会があり、積極的な食育活動が必要ではないかという議論になった。そこで、図書館が主催者となり「子どもの料理教室」を開催することになった。

栄養士は、料理四品を子どもたち四人グループで分担して、各人一品を作ってもらうプログラムを実施していた。栄養士の希望もあって、NHKの『ひとりでできるもん』（一九九一―二〇〇六年）という子ども向け調理番組（かつての「教育チャンネル」で食育の観点から制作されていた）に出演し、番組内容を本にしていた坂本廣子さんをゲスト講師に招いた。その本は図書館も所蔵していて、子どもたちに人気の本だった。

坂本さんは、一人の子どもが四品すべての調理を体験できなければ、このプログラムの意味はない、目的は料理を完成させることではなく、調理体験をしてもらうこと、大人が事前準備をしっかりやれば時間もそれほどかからない、と栄養士たちの手順変更を勧めた。料理ごとに事前に材料を小分けし、子どもたちがスムーズに調理体験ができるよう周到な準備をした。

教室終了後、栄養士の一人は、「時間と段取りもあり、子どもにはどれか一つの調理体験をしてもらえればと考えたが、大切なことを見落としていた。四品すべてに自分が関わることで、子どもは調理体験とともに達成感という宝物を手にしていた。そのことのために大人がやれることを、手を抜かずにしなければと思った」と語った。

一人の保健師がたまたま別件で立ち寄った図書館でつぶやいた子どもの朝食の状況への危惧を、これもたまたま居合わせた栄養士と話題にし、それが図書館主催の「子ども料理教室」へと発展し、図書館の資料がきっかけとなって招いた講師が栄養士の仕事の仕方を変え、それ以来、子どもの食育の一環としてこのプログラムが保健センターの事業として定着していった。このまちに育つ子どもの食についてきちんと文化的な取り組みから始めようと図書館と栄養士が連携したこの実践は、このまちの食育のプログラムを変化させ充実させることにつながった。

図書館のフロアでたまたま出会った行政職員によって、あるいはカウンターでの利用者のつぶやきから図書館の文化行事の企画が立ち上がるということを、私は図書館員として幾度となく体験してきた。図書館は誰もが利用できる、すべての人のための居場所であり、人々は自分を成長させ、生き生きと暮らし活動することで「まち育て」に関与していくことになる。

図書館をそのような発展的で創造的な場所にするのは、そこを訪れる住民の主体性から生まれる建設的な「問い」であり、他者の受容、社会への理想や地域愛から生まれる改善への素朴な気持ちである。そして、そのような人々の前向きな思考を具体的な活動へとサポートする図書館員の心である。

◆――デモクラシーと図書館

民主主義は完璧な統治制度ではない。そのことを、私たちは当然理解しているだろう。そして、そこに諦めや怠惰から生まれる無関心や不参加がある。そのことは、私たち自身にも、そして私たちが死者になった時代に生きる人々にとっても、望ましいことではない。

ささやかな合意形成や意思決定に市民として関わることは、生きている時間でしか果たせない主権者としての責任である。一例をあげるなら、まちの「地域福祉計画」のパブリックコメントに意見を提出する。「子育てひろば」の基本計画策定ワークショップに参加して思いを語る。市議会選挙には投票に行く。いろいろと参加の機会は用意されている。

民主主義は、社会参加以前に家庭のなかでも育まれる必要がある。子どもに対しても、人格ある一人の人間として、子どもゆえの未熟さを引き受けながら真摯な対話を重ねたい。大人、親といえども、人間である以上間違いを犯す。そういうときに、子どもにも率直に謝罪できる関係。子どもの行為に助けられれば、心から感謝の言葉が出る関係。そうした関係性が、子どもに「人は信頼するに値する」という原体験を与え、他者を理解するうえで重要な他者受容の精神が育まれるのではないだろうか。

しかし、そうした家庭で成長できる子どもばかりではない。

図書館司書は、公共図書館、学校図書館で多くの子どもたちと出会う機会がある。子どもには、図書館司書ならではの接点のもち方を大切にしたい。特に学校図書館は、「学校の教育課程の展開に寄与するとともに、児童または生徒の健全な教養を育成することを目的[29]」として活動している。学校の教育課程の展開に寄与することも大切だが、重要なのは、児童または生徒の健全な教養を育成することを目的としている点である。

教養とは、これまで述べてきたリベラルアーツであり、「生きる力」と言ってもいい。自分を大切にし、他者を慮り、自分を社会的な存在とさせる集団のなかでどう振る舞うかも考えなくてはならない。ときに学校という集団社会は、むき出しの排他性を、ときには暴力的な振る舞いとともに発揮する負の側面をもっている。図書館は、そのような学校にあって、ある種の避難所として機能している現実がある。そこでは、図書館司書がここを隠れ家とする児童・生徒の社会性をつなぎとめるコミュニケーションが求められる。本好きな子どもばかりではない現実を考えれば、多様な話題で接点を作り、集団のなかで揉まれ慣れていない自我に肯定感を抱けるような優れた文学作品へとつないでいく力量も求められる。

たった一人でも、このようにして向き合ってくれる大人と出会えることで、子どもは人への信頼感を形成できるだろう。人への信頼感がなければ、社会参加はおぼつかず、民主主義への参加動機など生まれるはずもない。

デモクラシーのベースは、「人は信頼するに値する」という実感である。そこから、社会は私たちの手で変えられるという理想が立ち上がり、多くの矛盾と並走し、歴史との対話をしながら、「私」と同じ主権者の判断を尊重するデモクラシーが成立するのだろう。

図書館は、一人ひとりの人間のデモクラシーマインド(30)を育み、守り、高めることを理想に掲げて、手段である資料・情報提供の充実を図っていかなければならない。

「図書館は民主主義の砦」という片山善博の言葉を、私はこのように理解している。

この理想を手放さないよう、図書館で出会う人々とともに歩みたい。

注

（1）文部科学省は、中教審生涯学習分科会「公立社会教育施設の所管の在り方等に関するワーキンググループにおける論点整理（案）」（[http://www.mext.go.jp/b_menu/shingi/chukyo/chukyo2/012/attach/1406489.htm]［二〇一九年五月七日アクセス］）を公開している。

（2）「公立社会教育施設の所管の在り方等に関するワーキンググループの設置について」（http://www.

mext.go.jp/b_menu/shingi/chukyo/chukyo2/012/attach/1402817.htm)［二〇一九年八月二十五日アクセス］

（3）「人口減少時代の新しい地域づくりに向けた学習・活動の振興方策について」(http://www.mext.go.jp/b_menu/shingi/chukyo/chukyo2/012/attach/1403860.htm)［二〇一九年八月二十五日アクセス］

（4）「全国町村教育長会資料」(http://www.mext.go.jp/b_menu/shingi/chukyo/chukyo2/012/attach/1406308.htm)［二〇一九年八月二十五日アクセス］

（5）「地域の自主性及び自立性を高めるための改革の推進を図るための関係法律の整備に関する法律による社会教育関係法律等の改正について(通知)」(http://www.mext.go.jp/a_menu/01_l/08052911/1417798.htm)［二〇一九年八月五日アクセス］

（6）前掲『市民の図書館』三九ページ

（7）日本放送協会、NHK出版編「オルテガ『大衆の反逆』――多数という「驕り」」「NHKテキスト100分de名著」二〇一九年二月号、NHK出版、一〇ページ

（8）オルテガ『大衆の反逆』寺田和夫訳（中公クラシックス）、中央公論新社、二〇〇二年

（9）前掲「オルテガ『大衆の反逆』」五ページ

（10）「統治行為論」という憲法学上の解釈がこれにあたる。「憲法八十一条の定める違憲立法審査制度の下で、裁判所は原則として国家のすべての行為について合憲性の審査を加えることができるが、そこには一定の限界があり、統治行為にあたるものについては審査を控えるべきだとする考えである。これを統治行為論、または、政治問題political questionの法理とよぶ」（前掲『世界大百科事典』）

（11）新村出編『広辞苑 第四版』岩波書店、一九九一年

（12）「東寺百合文書（とうじひゃくごうもんじょ）は、京都の東寺に伝えられた日本中世の古文書で、現

在は京都府立京都学・歴彩館（旧京都府立総合資料館）が所蔵しています。八世紀から十八世紀までの約一千年間にわたる膨大な量の古文書群で、その数はおよそ二万五千通に及びます。中でも、もっとも充実しているのが、十四世紀から十六世紀あたりの文書です」（「東寺百合文書ＷＥＢ」〔http://hyakugo.kyoto.jp/about/top〕［二〇一九年五月一日アクセス］）。「東寺百合文書ＷＥＢ」は、これをインターネット上で公開したもの。

（13）OpenGLAM とは、文化施設（Gallery, Library, Archive, Museum）のオープンデータ化をＩＴの活用によって促進する活動（「OpenGLAM JAPAN」〔https://www.facebook.com/OpenGLAMjp/〕［二〇一九年五月一日アクセス］）。

（14）「Library of the Year 2014」（ＩＲＩ知的資源イニシアティブ）（https://www.iri-net.org/loy/loy2014/）［二〇一九年七月二十八日アクセス］

（15）クリエイティブ・コモンズ・ライセンス（以下、ＣＣライセンスと略記）とは、自分が希望する条件を組み合わせることで、自分の作品をインターネットを通じて世界に発信することができる画期的なライセンスシステムで、国際的非営利組織（プロジェクトの総称）クリエイティブ・コモンズが提供している。ＣＣライセンスでは、多くのクリエイターが希望すると思われる典型的な条件を四つ準備し、それぞれアイコンでわかりやすく表示している。この四つの典型的な条件とは、「表示」「非営利」「改変禁止」「継承」。クリエイターは、この四つのアイコンを組み合わせて、自分の作品の利用条件を発信することができる（「クリエイティブ・コモンズ・ジャパン」〔https://creativecommons.jp/〕［二〇一九年七月二十八日アクセス］から要約）。

（16）福島幸宏氏。東京大学大学院情報学環特任准教授、京都府立総合資料館（現在は京都学・歴彩館）、京都府立図書館を経て二〇一九年四月から現職。

(17)「もみわフレンズ：瀬戸内市立図書館 友の会」(https://www.facebook.com/momiwasetouchi/)［二〇一九年五月八日アクセス］

(18)「みんなでつくる せとうちデジタルフォトマップ」(http://www.setouchi-photomap.jp/)［二〇一九年五月一日アクセス］

(19)山口文紀『絵でみる工場と生産管理――イメージできれば、生産は面白い』(絵でみるシリーズ)、日本能率協会マネジメントセンター、二〇〇五年

(20)佐々木久臣『完璧品質をつくり続けるものづくり組織能力――東大ものづくり経営研究センター発！』日刊工業新聞社、二〇〇八年

(21)黒川順夫『主人在宅ストレス症候群』双葉社、一九九三年

(22)前掲『新しい広場をつくる』四五ページ

(23)菅谷明子『未来をつくる図書館――ニューヨークからの報告』(岩波新書)、岩波書店、二〇〇三年

(24)「自由の相互承認」は、苫野一徳『「自由」はいかに可能か――社会構想のための哲学』(〔NHKブックス〕、NHK出版、二〇一四年)で主要な概念として論じている。私たち人間が根源的にもつ欲望である「生きたいように生きられる」ことは、他者と相互に認め合うことによって可能であるという議論を展開している。

(25)前掲『広辞苑 第四版』

(26)文化資本。ピエール・ブルデューの用語。再生産される文化的所産の総称。言葉遣いや行動様式など身体化されたもの、絵画や書物など物として客体化されたもの、学歴や資格として制度化されたものの三つの形態をもつ。経済資本に対していう(前掲『大辞林 第三版』)。ブルデューはフランスの社会学者。

(27) 人口三千人あまりの島根県隠岐郡の西ノ島町に二〇一八年七月にオープンした、西ノ島町コミュニティ図書館いかあ屋。教育委員会が整備計画策定段階から島民による意見交換の場である「縁側カフェ」を開催し、西ノ島町にふさわしい図書館像を議論してきた。移住した住民の様々な才能やスキルが発揮されたり、郡内の島前高校の生徒などがボランティアで縁側カフェの運営を支援するなど、図書館づくりに際して多くの島民が関わりをもった。約六万冊の蔵書が並ぶ開架スペースだけでなく、キッチンスタジオやカフェ、3Dプリンタなどを完備したものづくりラボ、地域の資料文化財を展示するスペースや多目的ホールなどを設けている（[https://nishinoshimalib.jp/]［二〇一九年七月二十八日アクセス］）。

(28) 県立長野図書館長の平賀研也氏の指摘。ともすると図書館員は、「図書館は……」と図書館を主語にしがちで、図書館の常識や現時点での能力を前提とした議論に終始してしまう。そうではなく、図書館を目的語として捉えることで、まずは個人や社会の課題を理解し、そのうえで図書館のリソースや環境で何ができるかを検討し、足りないものは補い、創造していくことが大切であると主張している。

(29) 学校図書館法（一九五三年法律第百八十五号）。第一条には目的として、「この法律は、学校図書館が、学校教育において欠くことのできない基礎的な設備であることにかんがみ、その健全な発達を図り、もつて学校教育を充実すること」とされ、第二条では、「学校の教育課程の展開に寄与するとともに、児童又は生徒の健全な教養を育成することを目的として設けられる学校の設備」と定義されている。また、第三条で設置が義務付けられている。

(30) 民主主義精神。民主主義を尊重する精神性という意味での筆者の造語。

初出一覧

本書は、以下の論文を大幅に加筆・修正してまとめたものである。

はじめに
書き下ろし

第1章　図書館を知っていますか？
「山村で求められたセカンドオピニオン」「出版ニュース」二〇一二年八月上旬号、出版ニュース社
「自由の主の館」「出版ニュース」二〇一二年十一月上旬号、出版ニュース社
「わかるということ」「出版ニュース」二〇一八年十月下旬号、出版ニュース社
「独りの時間と図書館」「出版ニュース」二〇一五年五月上旬号、出版ニュース社
「公共財としての図書館」「出版ニュース」二〇一七年五月下旬号、出版ニュース社
「図書館であることの意義」「出版ニュース」二〇一七年四月下旬号、出版ニュース社
「利用者を否定しない棚」「出版ニュース」二〇一七年十月下旬号、出版ニュース社
「「場所」から「働き」へ――中井正一と国会図書館支部図書館」「出版ニュース」二〇一二年二月上旬号、出版ニュース社
「ジェルピの生涯教育思想と図書館」「出版ニュース」二〇一二年五月上旬号、出版ニュース社
「図書館屋の小さな窓」「出版ニュース」二〇一二年七月上旬号、出版ニュース社

第2章　文化としての図書館
「図書館の中の『物語』」「出版ニュース」二〇一八年一月下旬号、出版ニュース社
「「掌の世界」から離れて図書館へ」「出版ニュース」二〇一三年三月上旬号、出版ニュース社

「図書館から見た『東京』と子どもの文化」、「特集 はるかに遠い東京」「子どもの文化」二〇一八年十一月号、子どもの文化研究所
「「文化の自己決定能力」と図書館」「出版ニュース」二〇一三年十二月下旬号、出版ニュース社
「「生活文化」と図書館」「出版ニュース」二〇一八年四月下旬号、出版ニュース社

第3章　持ち寄り・見つけ・分け合う広場を作る――瀬戸内市の図書館づくり
「図書館と「ものがたり」――地方から考えるこれからの図書館」「現代思想」二〇一八年十二月号、青土社
「瀬戸内市――としょかん未来ミーティング」「出版ニュース」二〇一三年二月上旬号、出版ニュース社
「公共図書館の価値と意味」「出版ニュース」二〇一二年三月上旬号、出版ニュース社
「寄付金にこめられた思い」「出版ニュース」二〇一六年三月下旬号、出版ニュース社

第4章　図書館とまち育て
「市民自治を支える公共政策としての図書館――ソーシャル・キャピタルを形成するネットワーク・ハブ機能の研究」同志社大学修士論文、二〇〇六年
「地域活性化に寄与する公共図書館の役割」、「特集 インフォプロと地域活性化」「情報の科学と技術」二〇一五年五月号、情報科学技術協会
「「お客様」という呼称と「消費者民主主義」」「出版ニュース」二〇一四年八月上旬号、出版ニュース社

第5章　図書館と蔵書づくり
「図書館資料の選び方・私論（その1）」「LRG（ライブラリー・リソース・ガイド）」二〇一六年冬号、アカデミック・リソース・ガイド
「図書館資料の選び方・私論（その2）選書をめぐる論争」「LRG」二〇一六年春号、アカデミック・リソース・ガイド

「図書館資料の選び方・私論（その3）図書館政策、地域政策としての蔵書構成」「LRG」二〇一六年夏号、アカデミック・リソース・ガイド
「図書館資料の選び方・私論（その4・最終回）蔵書づくりのあれこれ」「LRG」二〇一六年秋号、アカデミック・リソース・ガイド
「『ぼくは、図書館がすき』写真家漆原宏の流儀」「出版ニュース」二〇一三年八月上旬号、出版ニュース社
第6章　図書館とデモクラシー
書き下ろし

おわりに

公共図書館という場に図書館員として身を置いて、その活動を客観視することは難しかったものの、多くの図書館員以外の方々との対話を重ねたことや、図書館を利用する市民のダイナミックな変化を目の当たりにして、図書館という存在の可能性を追いたくなった。それは、図書館が運営する企画を社会が求めているものを反映した内容にアジャストしていくことから始まり、そのための活動を、市民のみなさんとデザインしていくという領域に広がっていった。

そのような実践をまとまった文章にして発表したり、そうした関心から他の方々の実践や研究を紐解いているうちに、実務者としての仕事を理論化したり抽象化したりすることで、他の自治体での実践への応用が可能になるのではないかと感じるようになった。

そのようにして、実践と研究のまねごとのような活動を二〇〇〇年ごろから続けてきた。

公共図書館は、自治体の理事者がその価値に気づいて財源を調整すれば、それほど多くはない支出で相当いいサービスができる。例えば、千葉県浦安市立図書館は長い間人口十五万人未満の都市のなかで高い利用率を誇ってきた図書館だが、図書館経費は一般財源の一パーセント程度である。この一パーセントがなかなか支出してもらえない。全国の公共図書館の図書館費の対一般会計比に関する研究はいまのところ見たことがないが、町村には未設置自治体が三〇パーセント強あることから、設置自治体だけで計算しても、せいぜい〇・三パーセント程度あればいいほうだと思う。

そして、一定の予算が施された図書館では多彩な文化活動を展開していて、一方で社会包摂機能を発揮する図書館も現れている。そこには、図書館員だけでなく、市民のボランタリーな活動があり、多彩な事業が展開されるとともに、社会関係資本とも評価できる多様な人的ネットワークが形成されている。

本書でもその一端を紹介したが、公共図書館に集う市民を見ていると、そこに民主主義の原点を見る思いがした。多くの多様な市民が、地縁や社会的立場を離れ、図書館というフィールドで様々な文化的・社会的事業を企画・運営しているのだが、その合意形成のプロセスや意思決定のプロセスがきわめて民主的なのである。そこには、図書館員の適切なファシリテーションが介在している場合もあるが、市民が主体的・自主的に多様なアクターをコーディネートしている例もある。

こうした民主的な手続きで、図書館というささやかなステージではあるが、地域の人々が楽しめるブックイベントや音楽、美術、文化財などを絡めた多彩なイベントが、実に楽しくコミュニティーを彩っているのである。楽しい催しばかりではない。国立ハンセン病療養所の所在地で、人権問題と常に直面していた瀬戸内市では、市民主催の映画会や講演会が企画された。

このような各地の図書館という広場で繰り広げられる取り組みを見て、ぜひこれを「民主主義の学校」として、まち育ての基礎的活動にしていければと思った。「民主主義の学校」とは、畏友・岡本真さんが図書館のレトリックとして着想した表現である。

本書を、こうした動機から、筆者の限られた経験と拙い思考の雑記としてつづった。

これまで専門誌に掲載した論文や、二〇一二年一月から一九年三月までの七年三カ月間、毎月拙稿を掲載いただいた「出版ニュース」（出版ニュース社）の〝ブックストリート〟というコラム欄の「図書館」の原稿、「子どもの文化」（文民教育協会子どもの文化研究所）や「現代思想」（青土社）の特集に寄稿した原稿、「ライブラリー・リソース・ガイド」（アカデミック・リソース・ガイド）で組んでいただいた蔵書構築に関する特集、および書き下ろし原稿などから構成した。出版社各位には、再掲載へのご理解をいただいたことをこの場をお借りして感謝を申し上げたい。特に、岡本真さんには、図書館に関する様々な議論に付き合ってもらった。あらためて感謝したい。

結びに、これまで図書館でお世話になった諸先輩と同僚のみなさん、そして、いつも本音で棘のあることも言い放つ私に本気で向き合ってくれた市民のみなさんに、心から感謝を申し上げたい。また、私の大先輩の久保和雄さんが書いた『図書館屋の小さな窓』を編集された青弓社の矢野恵二さんには、一人の素朴な読者のような温かくも率直な助言で脱稿まで導いてくださったことに、あらためて感謝を申し上げたい。そして、この込み入ったタイトルの本書を、それでも手に取ってくれた読者の方はきっと、しおたまこさんの挿画に魅せられたにちがいない。しおたさんの仕事の一冊に加われたことをとてもうれしく思う。

ついでになるが、可処分時間の多くを他県での研修や駄文の執筆に充てた筆者を、適当に放ったらかしにしておいてくれた家族にひと言。ありがとう。

二〇一九年九月一日　　生駒の麓から

［著者略歴］
嶋田 学（しまだ まなぶ）
1963年、大阪府生まれ
奈良大学文学部教授
専攻は図書館情報学、公共政策論
大阪府豊中市立図書館や滋賀県永源寺町立図書館、滋賀県東近江市立図書館、岡山県瀬戸内市新図書館開設準備室長を経て瀬戸内市民図書館館長。2019年から現職
共著に『図書館サービス概論——ひろがる図書館のサービス』（ミネルヴァ書房）、『図書館・図書館学の発展——21世紀初頭の図書館』（日本図書館協会）、論文に「地域活性化に寄与する公共図書館の役割」（「情報の科学と技術」第65巻第5号）、「現場からの提言 地域を活性化させる図書館活動とは——公共図書館政策と東近江市立図書館の実践」（「図書館界」第63巻第1号）など

図書館《としょかん》・まち育《そだ》て・デモクラシー
瀬戸内市民図書館で考えたこと

発行————2019年9月26日　第1刷
定価————2600円＋税
著者————嶋田 学
発行者———矢野恵二
発行所———株式会社青弓社
〒162-0801 東京都新宿区山吹町337
電話 03-3268-0381（代）
http://www.seikyusha.co.jp
印刷所———三松堂
製本所———三松堂

ISBN978-4-7872-0071-6　C0000